# 手绘山海经

## 奇枝怪叶

第四册

于春娥 ◎ 著
方艺 ◎ 绘

江苏凤凰文艺出版社
JIANGSU PHOENIX LITERATURE AND ART PUBLISHING

图书在版编目（CIP）数据

手绘山海经. 第四册, 奇枝怪叶 / 于春娥著；方艺绘. -- 南京：江苏凤凰文艺出版社，2025.6. -- ISBN 978-7-5594-8364-5

Ⅰ. K928.626-49

中国国家版本馆CIP数据核字第2025G71J01号

## 手绘山海经·第四册 奇枝怪叶

于春娥 著　　方 艺 绘

| | |
|---|---|
| 出 版 人 | 张在健 |
| 项目统筹 | 孙　茜 |
| 图书策划 | 墨染九州 |
| 责任编辑 | 周　璇 |
| 特约编辑 | 曹　月 |
| 装帧设计 | 乐　翁 |
| 责任印制 | 杨　丹 |
| 出版发行 | 江苏凤凰文艺出版社 |
| | 南京市中央路 165 号，邮编：210009 |
| 网　　址 | http://www.jswenyi.com |
| 印　　刷 | 天津睿和印艺科技有限公司 |
| 开　　本 | 710 毫米 ×1000 毫米 1/16 |
| 印　　张 | 54 |
| 字　　数 | 746 千字 |
| 版　　次 | 2025 年 6 月第 1 版 |
| 印　　次 | 2025 年 6 月第 1 次印刷 |
| 书　　号 | ISBN 978-7-5594-8364-5 |
| 定　　价 | 198.00 元（全 5 册） |

江苏凤凰文艺版图书凡印刷、装订错误，可向出版社调换，联系电话 025-83280257

# 序言

在中国，几乎男女老少都知道这样一部古老的奇书——《山海经》。

《山海经》是一部充满神奇色彩的著作，也是一部记述上古时期国家地理、神仙精怪的古籍，内容不但有山川、国家，还有药物、矿物、巫术等。里面的一草一木、一鱼一鸟、一兽一妖、一人一神都充满了无限魅力。

在《山海经》的世界里，有大禹的得力助手旋龟，有吃掉它可以消肿、祛除痔疮的虎蛟，有喜欢喝酒、跑得飞快的狌狌，有以乳为眼睛、肚脐为口的刑天……可以说，《山海经》不仅是后世文学艺术创作的源泉，也是中国传统神话传说的摇篮。

我们耳熟能详的"精卫填海""后羿射日""夸父逐日"等神话故事都是从《山海经》中诞生的，而庄子、屈原、李白、苏轼、关汉卿、蒲松龄、纪晓岚、鲁迅等人也受《山海经》影响颇深。在《山海经》的影响下，他们创作出极富想象力与创造力的作品，如《庄子》《离骚》《聊斋志异》《阅微草堂笔记》等。

在《阿长与〈山海经〉》中，鲁迅先生也用生动的语言写道："曾经有过一部绘图的《山海经》，画着人面的兽，九头的蛇，三脚的鸟，生着翅膀的人，没有头而以两乳当作眼睛的怪物……可惜现在不知道放在那里了。"

后来，鲁迅收到了长妈妈给他带来的四本《山海经》，读完后，鲁迅先生是这样描述自己当时心境的："我似乎遇着了一个霹雳，全体都震悚起来；赶紧去接过来，打开纸包，是四本小小的书，略略一翻，人面的兽，九头的蛇，……果然都在内。"

晋代诗人陶渊明在读完《山海经》后，被其瑰丽而大胆的想象所折服，然后一口气写成《读〈山海经〉十三首》，可见其影响力之深远。正因为《山海经》在中国文学中拥有极其重要的地位，所以新部编版小学语文课本中收入了《山海经》原文，而在新部编版初中语文课本中，更是明确要求孩子课外阅读《山海经》！

不过，《山海经》虽然对人们有着巨大的影响力与吸引力，因其生僻字多，孩子们读起来会很吃力。为此，《手绘山海经》应运而生！

本书将《山海经》原文进行梳理，在查阅各种资料的基础上，力图将原本生僻难懂的文字变得有趣。然而在撰写时，我们也发现，因为古籍流传版本的不同，《山海经》原文可能与我们的印象出现巨大的偏差，例如，后羿到底是人还是神？羲和与常羲的身份是怎样的？这在不同版本中就出现了矛盾，甚至在同一版本中还出现了同一个英雄或神怪在完全不同的两个故事里以不同的身份出现等问题。

鉴于此，我们结合《山海经》留下的多个版本，如《正统道藏》本、《古今逸史》本、《四库全书》本和《山海经校注》本，对所有元素都尽力做了最符合原文的说明，然终有无法尽善之处，还希望读者能够谅解。

但无论如何，作为中国古代最具有想象力、最奇异的文化典籍，阅读它，可以让我们的孩子了解我国源远流长的历史文化，增长知识，开阔眼界，丰富体验，获得乐趣。本书中长相奇特的动植物以及光怪陆离的传说故事，不仅能满足孩子对《山海经》的好奇心，而且能提高孩子的想象力与创造力。

在《手绘山海经》中，我们可以见识神奇的国家，有趣的鸟兽，威严的异人，奇幻的花草……为了提升孩子的阅读体验，本书还加入了大量精美的手绘插图。这些插图色彩鲜明，与文字搭配得非常巧妙，这种巧妙的图文搭配能让《山海经》中的神奇动物、植物跃然纸上，让《山海经》真正做到好看、好读、好懂！

下面，就让我们翻开本书，一同开启奇妙的"山海之旅"吧！

# 目录

## 上篇 奇丛怪草

| 01 | 像韭菜一样的草<br>祝余 ………… 002 |
| 02 | 果实像舌头一样的草<br>条草 ………… 004 |
| 03 | 果实如墨一般乌黑的草<br>薰草 ………… 007 |
| 04 | 令人后继无人的恐怖草<br>莆蓉 ………… 010 |
| 05 | 吃了就会忘记烦恼的草<br>鬼草 ………… 013 |
| 06 | 能让马跑得飞快的草<br>杜衡 ………… 016 |
| 07 | 可以杀死老鼠的草<br>无条 ………… 018 |
| 08 | 味道像葱一样的草<br>蕙草 ………… 020 |
| 09 | 根像鸡蛋一样的草<br>荣草 ………… 024 |
| 10 | 能毒死鱼的草<br>莘苧 ………… 026 |
| 11 | 早上生长晚上枯萎的草<br>薰华草 ………… 028 |
| 12 | 女尸化成的草<br>䔲草 ………… 030 |
| 13 | 美容养颜的神草<br>荀草 ………… 033 |
| 14 | 可以抵御兵器伤害的草<br>牛伤 ………… 036 |

**15** 能够防雷雨的仙草
　　嘉荣............038

**16** 可以治近视的草
　　䔄............041

**17** 能治愈疟疾的草
　　苦辛草............043

## 中篇
## 林精木华

**18** 能指路的树
　　迷穀............048

**19** 开五色花、结五色果的树
　　丹木............051

**20** 没有枝条的树
　　三桑............055

**21** 树中的大王
　　梓木............057

**22** 皇帝用的木材
　　楠木............060

**23** 果实能驱寒的神树
　　葡柏树............063

**24** 流淌着香甜饮料的树
　　白䒳............066

**25** 住着玄狐和黑猿的千丈木
　　豫章............069

**26** 能驯服马的树
　　芑............072

**27** 长着方形枝干的树
　　枥木............075

| | 浑身青色的树 | | | 能杀死鱼的树 | |
|---|---|---|---|---|---|
| **28** | 柜格松............ | 078 | **33** | 芫............ | 094 |

| | 食之可长生不老的树 | | | 像牛一样的树 | |
|---|---|---|---|---|---|
| **29** | 不死树............ | 081 | **34** | 建木............ | 096 |

| | 满身通红的树 | | | 长着红枝、青花、黑果的树 | |
|---|---|---|---|---|---|
| **30** | 若木树............ | 084 | **35** | 朱木............ | 099 |

| | 用来造车轮的树 | | | 集红黄白黑于一身的树 | |
|---|---|---|---|---|---|
| **31** | 櫃树............ | 087 | **36** | 甘柤............ | 101 |

| | 果实让人永不会溺水的树 | |
|---|---|---|
| **32** | 沙棠树............ | 091 |

## 下篇
# 灵枝神叶

| | 专治心痛病的草 | | | 三头人的值班岗亭 | |
|---|---|---|---|---|---|
| **37** | 荤荔............ | 106 | **41** | 服常树............ | 119 |

| | 长有雪白花朵的草 | | | 三头人看管的树 | |
|---|---|---|---|---|---|
| **38** | 黄蓳............ | 109 | **42** | 琅玕树............ | 122 |

| | 让食物变得鲜美的草 | | | 能炼制神药的树 | |
|---|---|---|---|---|---|
| **39** | 白苨............ | 113 | **43** | 栾树............ | 126 |

| | 能让人智慧增长的树 | | | 能结出珍珠的树 | |
|---|---|---|---|---|---|
| **40** | 圣木曼兑............ | 116 | **44** | 珠树（三珠树）............ | 130 |

| | 能产玉石的树 | | 能让力气变大的树 |
|---|---|---|---|
| **45** | 文玉树 ............ 132 | **50** | 櫰木 ............ 147 |

| | 太阳洗澡的地方 | | 大荒原上的奇树 |
|---|---|---|---|
| **46** | 扶桑树 ............ 134 | **51** | 甘华 ............ 150 |

| | 可以治疗耳聋的树 | | 像石头一样坚硬的竹子 |
|---|---|---|---|
| **47** | 文茎 ............ 138 | **52** | 竹箭 ............ 154 |

| | 能让人不犯糊涂的树 | | 可以解百毒的草 |
|---|---|---|---|
| **48** | 蒙木 ............ 141 | **53** | 焉酸 ............ 157 |

| | 能治疗忧郁症的草药 |
|---|---|
| **49** | 植楮 ............ 144 |

# 上篇

## 奇丛怪草

#  像韭菜一样的草

类别：神草
地域：招摇山
外形：叶子像韭菜叶，开青蓝色花
功效：使人饱腹不饿

《山海经·南山经》记载："南山经之首，曰鹊山。其首曰招摇之山，临于西海之上，多桂，多金玉。有草焉，其状如韭而青华，其名曰祝余，食之不饥。"

祝余是神话故事中提到的一种草，相传，它长在远古的招摇山上，有着像韭菜一样的叶子，开着青蓝色的花，有让人饱腹不饿的功能。

在很久以前，中华大地上经常暴发洪灾。洪水冲毁房屋，淹没土地，将毒蛇怪兽带到各处，给人们带来了无数的灾难。

当时有一个叫鲧（gǔn）的部落首领，他不忍心看到百姓们生活得如此痛苦，就带领大家一起治水，但由于缺乏经验，努力了很长时间，洪水还是没有消退的迹象。

后来，鲧的儿子禹肩负起了治水的重任。禹吸取了父亲失败的教训，将单纯筑坝挡水改为疏导通水，带领众人疏通了多条河道，让洪水通过河道流进了大海，有效防止了洪灾的发生。

大禹治水造福了百姓，但也因此得罪了海里的神龙。神龙认为大禹的做法破坏了当地的风水，打乱了大海原有的秩序，因此非常生气。

一天，神龙从海里游到岸边找到大禹，想用暴力的手段惩罚大禹。为了安抚神龙，大禹说尽了好话和道理，并承诺会恭敬地供奉它，神龙这才消了怒火，重新回到了海里。

后来，大禹果然信守承诺每日都虔诚地供奉神龙，神龙知道后十分高兴，就赠给大禹一些植物的种子，告诉他，这些种子长出的植物能很好地改善百姓们的生活。

大禹就将这些种子分给各家各户，教他们种植培育。不久后，种子发了芽，长成了草的样子，还开出了青色的花。人们吃了它，就会感觉精神爽朗，气韵通畅，且很长时间都不会感到饥饿。人们为了纪念大禹的功绩，就把这草取名为"禹余粮"，也就是后来的"祝余"。

随着时间的流逝，人们逐渐有了更多更好的食物，吃"禹余粮"的次数也就越来越少了，"禹余粮"便重新回归了自然的怀抱。

## 02 果实像舌头一样的草

### 条草

类别：神草

地域：符禺山

外形：开红花，结橙黄色果实，果实的形状像婴儿的舌头

功效：使人摆脱欲望，不被迷惑

> 《山海经·西山经》记载："符禺之山，其阳多铜，其阴多铁。其上有木焉，名曰文茎，其实如枣，可以已聋。其草多条，其状如葵，而赤华黄实，如婴儿舌，食之使人不惑。"

条草是一种样子类似山葵[1]的草。传说中，条草是一种很神奇的植物，它长在符禺山上，开艳丽的红花，结橙黄的果实，果实的形状像婴儿的舌头。人吃了它就能摆脱各种欲念带来的困扰，不会轻易被邪恶所迷惑。

很久以前，有一个道人在街头遇见了一位愁眉不展、长吁短叹的男子。道人好奇，上前询问缘由。

男子说自己有很多事情不知道怎么解决，仿佛走进了死胡同，怎么都行不通，随后将自己正在烦恼的事情诉说了一番，所说无非权财欲望、生活琐事。

道人听后笑着摇了摇头，长叹一声："世事无常，人心多变，与其忧愁哀叹，不如动手去做。"

男子又说："话虽如此，可我实在没有好的办法啊，万般无奈下

---

[1]山葵：一种生长在高寒地区的珍稀植物，叶子圆心形，开白色花，结长角果，种子像萝卜种子。

才坐在这街头感慨。但凡有一点思路,我也不至于此啊!"

道人说:"看你确实无路可走,我为你指一条。距此处不远有一座符禺山,山上长着一种形似山葵的草,开红花结黄果,你找到这符禺山,再寻到那山草,吃了它就能茅塞顿开,想到好办法了。"

男子听了不敢相信,正想问到底是真是假,抬头却看见那道人早已飘到了云端,化成了仙人模样。见状,男子也不再怀疑,向着仙人飘去的方向拜了三拜后,就回家收拾干粮出发找符禺山去了。

后来,男子果然找到了仙人所描述的神草,他吃了之后就昏昏沉沉地睡去了,梦中男子重历了自己以往的人生,最后又遇到了那位仙人,并受到了点拨。醒后,男子回溯过往种种,又念起仙人的话,顿然醒悟,仰天大笑一声,下山去了。

#  果实如墨一般乌黑的草
## 薰草

类别：香草
地域：浮山
外形：茎呈方形，开花，结黑色果实
功效：熏香，预防疠疫，治疗各类疾病

> 《山海经·西山经》记载："又西百二十里，曰浮山，多盼木，枳叶而无伤，木虫居之。有草焉，名曰薰草，麻叶而方茎，赤华而黑实，臭如蘼芜（mí wú），佩之可以已疠。"

薰草俗名佩兰，又名零陵香，是一种有浓郁香味的草，也是一种非常古老的植物。

《山海经》描述薰草长于浮山，叶如麻，茎方形，开红花，结乌黑的果实，气味像蘼芜[1]，佩戴在身上可以防治疠疫。

传说，很久以前有一个逃难的人在途中不幸染上了"癞病"，在他将死之时发现了一株秀丽芬芳的山草。为了使自己死得体面一些，他就躺在了这株香草的旁边，静静等待死亡的到来，却在不知不觉中睡着了。等他醒来时，已经是第三天的黄昏了，他发现自己竟然没有死，而且身上的癞病也神奇地好了。

传说仅仅是传说，不过，事实上，薰草也的确具有很高的医用价值，在古代时还被称为"救命草"，也因此在很多古书上都有记载。

晋人嵇含在《南方草木状》中认为薰与蕙是同一物，叶如麻，气

---

〔1〕蘼芜：古书上指芎䓖（xiōng qióng）的苗，一种香草，叶片有香味，香气似白芷。

芳香。

宋代《图经本草》记载："零陵香，今湖岭诸州皆有之，多生下湿地。叶如麻，两两相对，茎方，气如蘼芜，常以七月中旬开花，至香，古所谓熏草也，或云，薰草亦此也。"

明代李时珍所著《本草纲目》中也提到了薰草，"零陵香今湖广诸州皆有之，多生下湿地，叶如麻，两两相对，茎方，常以七月中旬开花，至香，古云薰草是也"。

薰草味辛，性温，无毒，据说其药效就是源于其浓烈的香气。薰草的香味能使人的中枢神经得到放松，进而缓解面部或背部肌肉的紧张感，有祛风寒、辟秽浊的功效，对伤寒感冒、头痛鼻塞、胸闷腹胀、下利遗精等均有缓解作用。

此外，也因为这浓郁的香气，薰草还颇受女子、文人的青睐，常被佳人佩在身上，或出现于诗文中。

唐代著名的才女薛涛就曾吟诵过一首关于薰草的诗："低头久立向蔷薇，爱似零陵香惹衣。何事碧鸡孙处士，伯劳东去燕西飞。"

薛涛的蓝颜知己，我们所熟悉的诗人刘禹锡，作过一首《潇湘曲》，诗曰："湘水流，湘水流，九嶷云物至今愁。君问二妃何处所，零陵香草露中秋。"

才子佳人，芳草香薰，自是绝配。

## 04 令人后继无人的恐怖草

### 菁（gū）蓉

类别：香草
地域：嶓冢（bō zhǒng）山
外形：叶片卵形，茎类似桔梗，开黑色的花
功效：避孕，打胎

> 《山海经·西山经》记载："又西三百二十里，曰嶓冢之山，汉水出焉，而东南流注于沔；嚣水出焉，北流注于汤水。其上多桃枝钩端，兽多犀、兕（sì）、熊、罴（pí），鸟多白翰、赤鷩。有草焉，其叶如蕙，其本如桔梗，黑华而不实，名曰菁蓉，食之使人无子。"

菁蓉是传说中的一种香草，它的叶子和蕙草[1]相像，茎类似桔梗，开黑色的花。菁蓉有花但不结果，《山海经》中对其有"不孕不育"之效的结论，大概也正是源于此。这体现的是一种类似"相似律"的巫术理论，反映了早期社会"巫""医"不分的现象。

相传，在距今几千年前的文明社会早期，人们就有了避孕的意识，并在实践活动中发现了可用于避孕的"菁蓉"。此后，人们有避孕需要时就食用菁蓉。

那时候，在嶓冢山附近有一户人家，女主人是易孕体质，接连生了几个孩子后，家里实在养活不了，她便下定决心避孕，就到山上采了一些菁蓉，准备做成菜吃掉。

女主人怕药效不够，就用了很大分量的菁蓉，她和丈夫吃了之

---

[1] 蕙草：一般指燕草，为报春花科植物灵香草的带根全草，叶片卵形，开黄花。

后，腹部瞬间就开始剧烈疼痛起来。丈夫看妻子实在痛苦，就自己忍着痛踽蹒着请了大夫来看。大夫诊治后，告诉他们，他们之所以这么疼，是因为食用的菁蓉太多了，正因如此，他们俩以后再也不可能有孩子了。

这件事情很快在四方传开，人们对菁蓉的药效有了新的认识，也不敢再乱吃了。

当然，这仅仅是一个故事。菁蓉这样的草是否真的存在，并没有明确的说法，不过利用植物避孕在古代社会确实是比较流行的避孕方法。

## 05 吃了就会忘记烦恼的草

### 鬼草

类别：巫药
地域：牛首山
外形：叶片像冬葵叶，根茎血红色，果实像禾穗
功效：解人忧愁，使人快乐

> 《山海经·中山经》记载："又北三十里，曰牛首之山。有草焉，名曰鬼草，其叶如葵而赤茎，其秀如禾，服之不忧。"

鬼草是一种古老的巫药，在神话传说中，鬼草长着血红色的根茎，具有排解烦恼的神奇作用，不管人、神还是怪，只要吃了它就能够忘记忧愁，快乐地活着。

相传，很久以前在一座高山上生活着一群灵狐，这些灵狐一直苦苦修行，为的就是有朝一日能位列仙班。

灵狐们虽然天赋异禀，但灵性也有高低之分，其中有个小灵狐天分极高却日日哀叹，似乎有数不尽的烦恼。有个跟它一同修行的小伙伴很是不解，就问它："你天分这么高，还有什么可忧虑的呢？到时候肯定是你最先修炼成功啊。"

小灵狐听了摇摇头："你不懂，光有天分是远远不够的，而且我可不想当那最低等的神仙，我们日日苦修，若最后却成了最低等级的神仙，那可怎么办啊？"

"但你光这样想又有什么用呢？还不如把这精力用在练功上，说不准还能提升等级呢。"小伙伴劝道。

小灵狐不再理会，仍旧自顾自地哀叹。

它俩的对话被一位过路的巫神听见了,巫神拿着一株草现了身,他告诉小灵狐,这草叫鬼草,吃了它便可以忘记所有的烦恼,变得开心起来。

小灵狐很想变得开心,它接过鬼草,毫不犹豫地吃了下去。后来小灵狐不再修仙了,也再没有了忧愁,整日和山中的蝴蝶、小鸟一起玩耍,真的过上了无忧无虑的日子,而它的同伴们都一个个修炼成了神仙。

世间的烦恼事又何止千万,倘若真有无忧草,大概每人都要吃上百棵。然而,事实却是——

无云欲得雨,
无月枉求星。
无树愁无果,
无田忧草生。
世间本无事,
庸人自扰之。

真正的无忧草,其实就在人们的心中。

## 06 能让马跑得飞快的草
### 杜衡

类别：草药
地域：天帝山
外形：根茎较短，外形像冬葵，开暗紫色花
功效：能使马日行千里，可治人之赘瘤病

《山海经》记载："又西三百五十里，曰天帝之山……有草焉，其状如葵，其臭如蘼芜，名曰杜衡，可以走马，食之已瘿。"

杜衡，别名马蹄香、杜细辛、薇香等，是马兜铃科植物，可作中药。杜衡常见于野外，生于林下或腐叶中，根茎较短，外形像冬葵，开暗紫色花。

《山海经》描写杜衡是天帝山上的一种草药，外形像山葵（叶子心形），气味像蘼芜（香味），具有神奇的功能，马吃了可以日行千里，人吃了可治愈脖子上的赘瘤。

相传，在轩辕黄帝与蚩尤大战期间，有一次他所统领的一个部落遭遇了强大的敌人，而此时黄帝正在数百里之外处理别的事务。这个部落所处的位置十分关键，如果被敌人占了去，局势就有可能发生逆转，为此黄帝十分心急，但也毫无办法。

正在这时，一个小兵走进来，跪拜在地上有些胆怯地说道："首领，有两匹马不知道误食了什么东西，突然发起了疯，又是叫又是跳的，其中一匹挣断了绳索跑了出去，瞬间没了踪影。"

因为这点小事来烦自己，黄帝本来想发火，听了最后一句，突然想到了什么，便大步流星地走了出去，来到了马棚前。只见众多马中，有一匹马马头高扬，姿态飒爽，十分神气。黄帝正要喊刚才的小兵让他将那马牵过来，扭头一看，那小兵突然变成了一个身披黄金袍的仙人。仙人告诉黄帝，那马吃了他从天帝山采来的杜衡，可日行千里，让黄帝赶快去处理军务。

黄帝听后道了声谢，跨上马背，飞奔而去，很快就到了目的地。由于来得及时，军情未被延误，敌军被黄帝用计打得大败而逃，黄帝部落取得了胜利，为之后的全面获胜打下了基础。

抛开神话世界，从现实来看，杜衡作为一种古老的草药，在治病养生方面也有神奇的疗效，可用于祛风散寒、消痰行水、活血止痛、清热解毒等。不过，杜衡本身也有一定的毒性，使用时要十分注意。

《唐本草》中记载："杜衡，叶似葵，形如马蹄，故俗云马蹄香。生山之阴，水泽下湿地。根似细辛、白前等。今俗以及己代之，谬矣。及己独茎，茎端四叶，叶间白花，殊无芳气；有毒，服之令人吐，惟疗疮疥，不可乱杜衡也。"

现代医学表明，大量使用杜衡很可能会引起头痛、呕吐、黄疸、血压升高、烦躁、痉挛等中毒症状，严重的甚至会因为呼吸麻痹而导致死亡。

#  可以杀死老鼠的草

无条

类别：毒草

地域：皋（gāo）涂山

外形：形似藁茇（gǎo bá），叶子像冬葵叶，背面常为红色

功效：予人充饥，毒杀鼠虫

> 《山海经·西山经》记载："西南三百八十里，曰皋涂之山……有草焉，其状如藁茇，其叶如葵而赤背，名曰无条，可以毒鼠。"

无条是古书中记载的一种毒草，外形似藁茇，叶子像冬葵叶，背面常为红色。相传，无条生长在皋涂之巅，人可以将其当作菜来食用，而鼠虫吃了就会一命呜呼。

上古时期，由于环境恶劣，植物培育受到阻碍，自然界中可食用的植物也不多，人们常常食不果腹，很多时候都吃不饱。

屋漏偏逢连夜雨，偏偏在这时，很多地方又发生了鼠患，到处乱窜的老鼠将人们省吃俭用、辛勤劳作攒下来的最后一点粮食都糟蹋了个一干二净。大人、孩子因为饥饿哭成了一片，哭声震天动地。

有一天，人们还像往常一样携家带口地前往山上搜寻食物，搜寻累了，他们就躺在地上休息。突然间，一道白光闪过，众人吓得都闭上了眼，再睁开时，发现光秃秃的地上多了个模样奇特的小娃娃，他长着人的脑袋，但身子却是龙的样子，还有一对翅膀。

那孩子也不胆怯，飞到空中，朝着众人喊道："大家跟着我走，我带你们去找吃的。"爬了长长的山路，转过几个弯，快到山顶上时，小娃娃终于停了下来，众人累得瘫在了地上。

小娃娃将人们带到了一处山洞，只见里面长满了一种高大的植物，小娃娃告诉人们，这种植物叫作"无条"，可以用来充饥，也可以防治鼠患，人们便采了很多带回了家里。从那之后，人们常常能在家里、田边发现老鼠的尸体，老鼠的数量也越来越少了，人们又回归了正常的生活。

人们为了感谢那个奇怪的小娃娃，就在山上盖了一间祠堂，专门来供奉他。再说那小娃娃，他本来是皋涂山上的一个小精灵，因为不忍心看到人间的惨状，才现身帮助人们寻找食物，走出困境。

## 08 味道像葱一样的草

### 蘋(pín)草

类别：野草
地域：昆仑山
外形：形似山葵，叶子心形
功效：解人烦恼，使人忘忧

> 《山海经·西山经》记载："西南四百里，曰昆仑之丘……有草焉，名曰蘋草，其状如葵，其味如葱，食之已劳。"

在古书记载中，蘋草生于昆仑之丘，样子像山葵，味道像大葱，作用和鬼草一样，能让人忘记烦恼忧愁。

传说中，最初人们并不知道蘋草的作用，一些穷苦的人家在食物匮乏的时候经常将其当作菜来吃。后来人们逐渐发现了一些奇特的现象，那就是常吃这种草的人在某一段时间内就会变得非常快乐。有的人好奇，就去问人家为什么这么高兴。不问不知道，这一问问出了个大秘密，原来这些人把最近发生的不愉快的事情全都忘记了，只记得高兴的事情。

从此之后，蘋草使人忘忧的功能就逐渐传开了，一些生性多愁善感的人就会想办法挖来吃，很多人因此获得了快乐。

当然了，现实生活中具备这种功能的草肯定不存在，不过"蘋草"倒确有其物，在很多古书上都有记载，如《汉语大词典》说："蘋草，一名赖草。"所谓"赖草"是一种优良的牧草，属多年生草本植物，茎直立，根须状，叶条形，是防风固沙的先锋植物。清代《五凉全志·武威县志·地理志》中也有"草类：蘋草，蓬，蒲，苹,蒿。凉州俗作冰草。《贤孝·十月怀胎》:怀胎正月正,冰草没扎根"的记载。

"薲"还同"蘋",也称大萍、田字草,是一种多年生水生蕨类植物,茎横卧于浅水泥中,顶端长有四片叶子,常用作猪饲料,也可入药,治疗风热目赤、肾炎、疟疾、消渴等多种疾病。

魏晋《吴普本草》对"蘋"的记载称:"蘋,叶浮水面,根连水底,其茎细于莼、荇,其叶大如指顶,面背青紫,有细纹,颇似马蹄决明之叶,四叶合成,中折十字,夏秋开小白花,故称白蘋。"

明李时珍所著《本草纲目》也说:"蘋,其草四叶相合,中折十字,故俗呼为四叶菜、四字草、破铜钱,皆象形也。"

可见,"蘋"确实是一种较为常用的草药。

# 09 根像鸡蛋一样的草

## 荣草

类别：药草
地域：鼓镫（dèng）山
外形：叶子纤细，根似鸡蛋
功效：医治疯痹病

> 《山海经·中山经》记载："鼓镫之山，多赤铜。有草焉，名曰荣草，其叶如柳，其本如鸡卵，食之已风。"

古代，在盛产红铜的鼓镫山，生长着一种可以医治疯痹病的草，叫作荣草。它的叶子像柳树叶一样纤细秀气，根却像鸡蛋一般厚重敦实。

远古时代，人们对很多事物的认识都停留在初步阶段，更有很多未知的东西没有探索到。

相传，那时候神农氏管辖的部落中，有一户人家的孩子好端端的突然不能站立和走路，一直叫嚷着膝盖疼，家里人都不知所措，只好请来了神农氏。

神农氏颇通药理，但这病他此前也未曾见过，也不知用何种药物医治，不过他安抚病患及其家人不要着急，自己马上回去开始研究。

一天晚上，神农氏研究得太累不小心睡着了，做了个怪梦。梦中一个看不清面庞的人告诉神农氏，要治那孩子的病就需要到鼓镫山找一种根茎浑圆的药草，名字叫作荣草。

神农氏醒后就召集了几个人连夜去了鼓镫山，他们将山上的草类一种一种地挖开甄别，终于找到了梦中人说的那一种。

回到部落里，神农氏命人将草药送给那户人家给孩子煎服，自己则将剩下的草药一一品尝记录了下来。

那个生病的孩子服用了神农氏找到的药后很快就好了，便来到神农氏的营帐前道谢。神农氏由于还未彻底弄明白那病，就问这孩子能不能说清楚是怎么患上的。小孩仔细想了想，对神农氏说，这病大概是因为吹风太多着凉患上的。神农氏听后说道："那不妨就把这病叫作'风病'吧，再有人得，就马上采荣草来服用。"

## 10 能毒死鱼的草

### 葶苎 (tíng zhù)

类别：毒草
地域：熊耳山
外形：形似苏草，叶片卵形或近菱形，开红花
功效：毒杀鱼类

《山海经·中山经》记载："（熊耳之山）有草焉，其状如苏而赤华，名曰葶苎，可以毒鱼。"

葶苎是《山海经》中记载的一种奇草，它生长于熊耳山山脚，外观看起来像苏草，开红色花朵，可以用来毒杀鱼类。

相传，远古时代黄河流域有一个小村落，在那里生活的人们以打鱼为生，也十分喜爱吃鱼。

这个小村落的最东边住着一户人家，家里有夫妻二人和一个生得十分水灵的女儿。虽说村子里的人都爱吃鱼，但是谁都比不过这户人家的女儿对鱼肉的嗜好程度，村里的老人都说这女娃可能前世是被鱼

精害死的，于是这一世紧着报仇来了。

一天，这女孩又想吃鱼了，可是家里的鱼已经被吃光了，父亲恰好还去了外地，见女儿饥饿难忍，母亲就让她在家乖乖待着，自己到邻居家借几条鱼来。

可是，母亲刚一出门，女孩就偷偷跑到了河边，打算自己捞鱼来吃。说来也蹊跷，这一天本来是风和日丽，晴空万里，女孩一到河边，天空却突然乌云密布，四周还刮起了大风，将河水掀起了几丈高。

女孩一看这情景，被吓坏了，转身就想跑回家去，却不承想，一个大浪扑过来将她打进了河里。女孩在河里扑腾了几下，就没了动静。

女孩的母亲借鱼回来，一进家门发现女儿不见了，心里就有了不好的预感，赶忙往河边跑去，但是为时已晚，等她赶到时，只有女儿的一只鞋子孤零零地在岸边。妇人声嘶力竭地哭喊，泪水成串地流进了河里。突然间，女孩掉下去的地方长出了一丛丛长着圆形叶子的小草，不一会儿还开出了娇艳的红花，妇人只当这是女儿的化身，用手抚着花草，大喊着女儿的名字"荨苧"。

此后，这花草就被叫作"荨苧"。后来，人们在打鱼时，无意中发现这荨苧有毒杀鱼的作用，不管是什么类型、什么体形的鱼，只要吃上一口荨苧，准会马上毙命。人们都说，这是荨苧与鱼之间的宿怨，不知道牵连了几生几世，才如此深重。

##  早上生长晚上枯萎的草
### 薰华草

类别：奇草
地域：君子国
外形：根茎乳白色，叶子鲜红似火
功效：朝生夕死，象征忠诚高洁

《山海经·海外东经》记载："君子国在其北，衣冠带剑，食兽，使二文虎在旁，其人好让不争。有薰华草，朝生夕死。"

传说，薰华草早上开始生长，入夜萎谢，有着乳白色的根茎和鲜红似火的叶子。

在遥远的东海，炙热水中有一扶桑，树上栖有十日，每当九日居下枝，一日越上枝，就有光芒从东方迸溅，散落于大地，新的一天也就开始了。

薰华草，就是伴着那灿烂的晨光而诞生的，它不开花，没有香气，但却有着无与伦比的魅力，人们总是喜欢围着它，尤其是在夕阳如火的傍晚时分，那是它生命即将走到尽头的时刻，也是它一天中最美的时刻。

薰华草长在君子国，这是一个人人可称作君子、崇尚礼仪、注重道德修养的国度，在那里生活的人，不管是君王还是百姓，个个衣冠整洁，身佩长剑，性格和善，懂得谦让，颇具儒雅之风。

薰华草也和这里的人一样，淡雅、从容、不争不抢，悄悄散发着自己的光芒，奉献着自己的一切。

相传，薰华草是君子国的一位义士所变，他因为忧心苍生，为百

姓服务而不幸丧生，也因此辜负了苦苦等待他的女子，于是他化身薰华，为爱情而生，也为奉献而死。

每到夕阳落山之时，就有众多年轻的男女守在薰华草旁，在它即将凋零的那一刻将它摘下，送给自己心爱的人。

这时候的薰华，白如玉，红似血，美得不可方物，可惜这一刻过去，它就会枯萎干皱。它的生命只有一天，短短的一天，朝生夕死，但它的精神却是永存的。

## 12 女尸化成的草

### 䔄（yáo）草

类别：神草
地域：姑媱山
外形：叶子双生，开嫩黄色小花，果实形似菟（tù）丝子
功效：美容养颜，使女子娇媚

> 《山海经·中山经》记载："又东二百里，曰姑媱之山。帝女死焉，其名曰女尸，化为䔄草，其叶胥（xū）成，其华黄，其实如菟丘，服之媚于人。"

䔄草是神话故事中的一种药草，这种植物叶子双生，开嫩黄色小花，所结果实形似菟丝子。相传，䔄草为炎帝之女瑶姬死后幻化而成，若女子服用了它的果实，就会变得娇媚明艳，惹人怜爱。

传说，上古时期的帝王炎帝一共有四个女儿，三女儿叫作瑶姬，四女儿就是后来化为精卫鸟的女娃。四个女儿中，炎帝最喜欢的就是瑶姬。

瑶姬有着如花般娇艳的面容和天真烂漫的个性。她心地善良、乐于助人，去各方游玩时常常出手帮助穷苦的百姓，为他们的困顿生活而忧心。

随着年龄的增长，瑶姬出落得越发美丽动人，炎帝对她的喜爱也比从前更多。然而，天有不测风云，就算是身为帝女的瑶姬也未能躲过命运的无情。在瑶姬即将成年的那一年，她突然得了一场大病，病魔来势汹汹，瑶姬很快就面色苍白，浑身无力，只能整日躺在病榻上。

本来活泼好动、喜欢到处游玩歌唱的瑶姬一下子被困在病榻上，心情也跟着抑郁起来。她多想和以前一样，到溪边和鱼儿嬉戏，到山野里纵情高歌，到人间帮助百姓……越是这样想，瑶姬的心里就越是愁苦，病情也就越来越严重，以至于最后连身为医药之神的炎帝都束手无策。

不久后，瑶姬就去世了，尸体被葬在了巫山。瑶姬虽然身死，但是香魂却未灭，她凭着记忆飘到了自己最喜欢的姑媱山上，在那里落地生根，化作了䔄草。

䔄草的叶子层层叠叠地聚集在一起，就像瑶姬常穿的裙子一样，它所开的黄色花朵，也像瑶姬的脸庞一样娇嫩欲滴。据说，后来这䔄草因不断吸收日月精华，修炼成了人形，成为巫山神女，此后，她常常化作各种形态到人间游玩，还曾帮助大禹治理水患。

## 13 美容养颜的神草

类别：仙草

地域：青要山

外形：外形似蘨，根部像藁本的根，茎秆方形，开黄花，结红果

功效：补充气血，使人貌美

《山海经·中山经》记载："（青要之山）有草焉，其状如蘨（jiān）而方茎、黄华、赤实，其本如藁本，名曰荀草，服之美人色。"

荀草是远古神话传说的一种仙草，外形像兰草，根部像藁本的根，长着方形的茎秆，开黄花，结红果，人吃了它，就会变得肤白貌美，气色红润。

相传很久以前，有一位英勇善战的大将军遭小人陷害，打了败仗，身受重伤逃到了青要山。由于失血过多，他刚到山脚处就昏倒了，等醒来时，发现自己的伤口已经被包扎好。正当他疑惑之际，隐隐约约看见不远处有一位女子正在忙碌，将军用力喊了一声："姑娘，敢问这是何处？"

那女子闻声回过头来，一双清亮的眸子刚好对上将军的眼睛，将军恍然间失了神。

"将军，这是青要山，也是我的家。"姑娘的声音将将军的思绪唤回，将军这才环顾一周，发现自己躺在一个草房子的床榻上。

"多谢姑娘救命之恩。"将军说着就要起身下拜，姑娘连忙放下

手中的药草，把将军扶起："将军不必如此。"看清了姑娘的面庞，将军再度被深深地吸引住了。

此后，将军和姑娘就在这深山中双宿双飞，过起了神仙眷侣般的生活。然而，这样的日子没过多久，将军听闻了大战的消息，便执意要出山再为国效力。

姑娘苦苦相劝，希望将军不要为昏君卖命，白白丢掉性命。将军却说："我的志向就是平定乱世，为国、为君效力，即使身死，也无怨无悔。"

听将军这么说，姑娘知道自己劝再多也是无益，就拿出一棵草交予将军："这不是一株普通的草，你好好保存它，若将来你出事了，就把它献给君主，或许可救你一命。"

将军接过药草重新回到了战场，这一次大破敌军，帮助君主坐稳了王位。可没过几年，君主又恢复了贪图享乐的本性，整日与后妃厮混在一起，不理朝政。将军不忍看国家再度陷入危机，忠直进言，结果被君主杀害。

士兵去将军家里抄家时，翻遍上下没有找到什么值钱的东西，只有一株枯萎的草被珍藏在锦盒中。士兵嗤笑一声，将那草随意丢在了街边。

且说那枯草被扔在地上后，经历百年风雨重新落了根，焕发出了生机。后来，有一丑女沿街乞讨途经此地，发现了这株长得艳丽肥嫩的花草，由于饥饿难忍，就将其摘下吃了。再后来，丑女变得十分美丽，引得许多贵族公子争相追求。据说，最后那丑女虽嫁入了豪门，却也未得善果，反倒是那一株草从此出了名，成了世人尤其是女子梦寐以求的仙草。

##  可以抵御兵器伤害的草
### 牛伤

类别：神草
地域：大苦山
外形：叶子像榆树叶，茎秆方形有刺，根部密布青色斑纹
功效：防止昏厥，抵御兵器伤害

> 《山海经·中山经》记载："（大苦之山）有草焉，其叶状如榆，方茎而苍伤，其名曰牛伤，其根苍文，服者不厌，可以御兵。"

很久以前，大山里有一种草，长着榆树叶一般的叶子，方形的茎秆上布满尖刺，根部密布青色斑纹。相传，人服用了这种草，不但能够防止昏厥，还能抵御兵器的伤害。

传说，上古时代后期，中华大地出现了许许多多的部落，各部落之间为了争夺适于放牧和浅耕的地区而不断发起战争。

当时，以黄帝、炎帝、蚩尤为首的三大部落发展最为强盛，后来黄帝与炎帝联合大败东夷、九黎蚩尤部落而问鼎中原。而实际上，在此之前，黄帝和炎帝的部落之间也经常发动战争。

在距今约4600年前，黄帝部落与炎帝部落就为争夺领导权而展开过一场激烈的战事，就是著名的"阪泉之战"。阪泉之战使得炎帝部落大败，炎帝甘愿称臣，不再与黄帝抗衡，而黄帝则凭借此战确立了领导地位，开启了中华文明的源头。

据说，在阪泉之战中，黄帝之所以能获得全面胜利，除了善于利用天时和指挥得当外，还离不开一种叫作"牛伤"的草药。

黄帝所辖范围的一些部落人民非常擅长使用草药调理身体和治

病,并在这过程中发现了不少鲜为人知的神奇草药,牛伤就是其中之一。

牛伤对兵器伤有奇效,相传,曾有一个在战争中受了重伤的人,被接到家里后,家人在伤口上涂抹了一些牛伤的汁液,结果不到半天工夫,身上的刀剑之伤就全好了。此后,牛伤就被黄帝部落的人们作为一种神药培育珍藏,每到战争时,就会被拿出来使用。牛伤的使用使得士兵重伤死亡的数量大大减少,为战争的胜利提供了有利条件。

后来,由于需求量增加,牛伤渐渐稀少起来,更被后人神化成了可以使人免受兵器伤害的神药。

## 15 能够防雷雨的仙草

嘉荣

类别：神草

地域：半石山

外形：高一丈有余，叶子和花朵都是红色

功效：防避雷雨，寓意逢凶化吉

《山海经》记载："（半石之山）其上有草焉，生而秀，其高丈余，赤叶赤华，华而不实，其名曰嘉荣，服之者不畏霆。"

嘉荣是一种古老的植物，它虽是草，却长得高大无比，有一丈多高，它开花但不结果，叶子和花朵都是红色的，据说，人若将它编织成衣服穿在身上，就能免受雷雨。

相传神农氏尝百草时，为了能更集中精力，提高效率，有一天抛开臣民自己溜到了一座山上。

等爬到了山腰处，神农氏惊奇地发现，上面有很多他从未见过的植物。神农氏兴奋极了，他撸了撸袖子，准备大干一场。不知道过了多久，天色暗淡了下来，神农氏这才停下来打算休息一会儿，正在这时，天空中闪过一道刺眼的闪电，"噼哩啪啦"的雷声也随之响起，吓得周围的鸟兽都乱窜了起来。

神农氏忙找到一棵枝叶繁茂的大树躲在了下面，他刚躲进去，硕大的雨点就飘了下来。正当他庆幸之余，闪电伴着雷鸣照着树顶直劈了下来，还好神农氏眼疾腿快，闪到了一旁，这才没有被雷电伤到。

"这可怎么办呢？周围没有可以躲雨的地方，不躲在树下就得淋雨，躲在下面又有响雷。"神农氏有些发愁地想着。

正在这时，一只四肢修长、眼神灵动的小鹿背着一捆细长的枝条跑到了神农氏的跟前。神农氏立马领会了灵鹿的意思，他迅速将那些枝条编成了一件类似蓑衣的东西披到了身上。说来也怪，神农氏刚把这树衣穿上，雨点就避开他落在了别处，他所处的地方，周围几丈既不下雨也不打雷。

神农氏心里暗暗赞叹这树枝不是来自普通的树，就让灵鹿带着他去寻找，结果找到一看竟是一株长得非常高的草。想到这草的奇妙作用，神农氏就将其命名为"嘉荣"，意为"吉祥如意，可避雷雨"，寓意能够逢凶化吉。

## 16 可以治近视的草

类别：药草

地域：甘枣山

外形：根茎像山葵，叶子的形状类似杏叶，开黄色的花，结豆荚样子的果实

功效：治疗近视，预防眼疾

> 《山海经·中山经》记载："中山薄山之首，曰甘枣之山，共水出焉，而西流注于河。其上多枏木，其下有草焉，葵本而杏叶，黄华而荚实，名曰箨，可以已瞢（méng）。"

箨是远古神话故事中经常出现的一种植物，它的根茎像山葵，叶子的形状类似杏叶，开黄色的花，结豆荚样子的果实，据说用它可以治疗近视等眼疾。

远古时期，轩辕黄帝战胜蚩尤后，建立了联盟部落，被部落的人推崇为联盟首领。黄帝开始带领大家一起进行农事畜牧，后来黄帝的元妃嫘祖发明了养蚕技术，还掌握了缫丝纺织的技术。从此以后，黄帝和嫘祖就开始了分工协作，黄帝带领大家种植五谷，驯养动物，制造工具，嫘祖则带领女子们种植桑树，养蚕纺织，缝制衣衫。

据说，嫘祖因为常常待在屋子里，在昏暗的环境下纺线缝纫，视力下降得非常厉害，看东西越来越模糊，有一次差点因此扎伤了手。

黄帝知道后，就让嫘祖先休息几天再工作。可时间过去了很久，情况还是没有好转。黄帝急得团团转，一来是担心妻子的身体，二来是后勤工作不可耽误。

正在这时,一位老人告诉黄帝,甘枣山上有一种草药,开黄花,结长果,可以治疗眼病,首领不妨让人找来试试。

黄帝也没有好办法,就听从了建议,立马命一众人去了甘枣山找寻老人所说的那种草药。几天后,一众人带着草药回来了,得到黄帝的许可后,医官将草药煎好,让嫘祖服了下去。

嫘祖刚服下去时并没有什么效果,心里也没抱多大期望,可到了第二天,她就觉得眼睛清楚了些,看东西不再那么难受了。到了第三天,嫘祖的眼疾就已经完全好了。嫘祖很是欢喜,当天,就重新带领大家开始了纺织制衣。

听闻这样的消息,黄帝也非常高兴,就命人将那种草药从甘枣山移植过来一些精心栽培,并为之起名为"箨"。

## 17 能治愈疟疾的草

苦辛草

类别：神草
地域：阳华山
外形：形状像楸木，整体似倒冠形，果实像瓜
功效：可充饥饱腹，治疗疟疾

《山海经·中山经》记载："又西九十里，曰阳华之山，其阳多金玉，其阴多青、雄黄，其草多藷藇（shǔ yù），多苦辛，其状如楸（qiū），其实如瓜，其味酸甘，食之已疟。"

我国河南省灵宝市的夸父营村正南方，矗立着一座高大巍峨的山峰，那便是夸父山。夸父山再向西九十里，又是一座秀丽挺拔的山峰，名字叫作阳华山。相传，阳华山是一座名副其实的宝山，它的南面有取之不尽的金玉矿石，北面盛产石青、雄黄等矿质药材，山上还到处生长着一种形状像楸木[1]、果实像瓜的草药，叫作"苦辛"。据说，苦辛的果实味道酸甜，不仅能作食物，还可以治疗疟疾。

人文始祖伏羲和创世女神女娲兄妹通婚，生育了诸多子女，其中有两个子女名为少典和宓（fú）妃。

少典和宓妃小时候特别贪玩，兄妹两个经常变着法地捉弄别人，还常常摆脱父母、侍卫的看管，到很远的偏僻之地去探秘。

有一天，少典和宓妃又偷偷溜了出来，在附近玩够了之后，就开始向远处边走边玩。后来他们发现了一座非常高的山，样子也很奇

---

[1] 楸木：即楸树，紫葳科梓树属植物，是我国特有的珍贵木材和观赏型树种，树高可达35米，树冠呈倒卵形，树皮黑灰色，开浅粉色花。

特，兄妹俩忍不住好奇就找了条小路攀了上去。这山中植被茂密，气温也较山下高出很多，因此喜热的毒虫到处都是。少典常跟父亲行兵练武，倒也皮糙肉厚，没觉得有什么。可宓妃就不一样了，女孩子家家的，娇生惯养，细皮嫩肉，很快就被咬出了很多伤口。

少典正爬得起劲儿，突然感觉不到妹妹的声息了，他扭头一看，发现宓妃已经晕倒在后面不远的地方。少典赶快跑过去，将宓妃抱起来，轻轻地晃动她，可宓妃却一点也没有要醒的迹象，见状，少典急得大哭起来。

少典哭了一阵子，觉得自己不能坐以待毙，于是就背起妹妹往回走。快走到山脚下时，他突然遇到了一位白发苍苍的老婆婆。老婆婆看了一眼少典背上的宓妃，说道："这女娃是被山上的毒虫咬了，才昏迷不醒的。"少典一听，连忙问老婆婆是不是有办法把宓妃救醒。老婆婆让少典别着急，自己去采点药回来。不一会儿，老婆婆就拿着几个瓜一样的东西回来了，她让少典将宓妃放在地上，扶起她的上半身，然后将"瓜"一口一口喂到了宓妃嘴里。

吃了"瓜"的宓妃很快就醒了过来，少典觉得很神奇，就问老婆婆那"瓜"是什么，老婆婆告诉他，那是药草苦辛的果子，专门治疗毒虫叮咬的。

# 中篇

## 林精木华

# 18 能指路的树

类别：奇树
地域：招摇山
外形：树干有黑色纹理，开五彩缤纷的花朵
功效：指明方向，让人不迷路

《山海经·南山经》载："南山经之首，曰鹊山。其首曰招摇之山，临于西海之上，多桂，多金玉。有草焉，其状如韭而青华，其名曰祝余，食之不饥。有木焉，其状如榖而黑理，其华四照，其名曰迷榖，佩之不迷。"其中，迷榖就是能指路的树。

迷榖是神话故事中的一种奇树，其形态和构树相似，树上的纹理呈黑色，能开出色彩缤纷的花朵。据传，它的花朵有指示方向的奇效，人佩戴它的花朵可以辨识方向，不会迷路。

上古时期，五谷神农大帝炎帝为了辨识百草，找到为百姓治病的良方，一路跋山涉水，踏遍山川，寻找各种各样的草药，并亲自尝试药效。

这天，炎帝翻山越岭，来到一片山林之中。正值夜晚，加之林中起雾，炎帝在山林中兜兜转转了半天，也没有找到出路。这时的他已经筋疲力尽，只好坐在一棵大树下休息，恢复体力。

昏昏沉沉中，炎帝不小心睡着了。他梦到一位仙人在山林中穿梭，并不停地回头看他，示意他跟上去。他在仙人的指引下，走到一棵小树下。只见这棵树树干的纹理呈黑色，树叶形状像一把扇子，花朵呈圆形，竟呈五彩之色。

仙人告诉他,这种花朵有神奇的功效,可以解他现在之困,说完便变成一道白光,飞身而去。炎帝心急,想要追上仙人,心神悸动之时,忽然惊醒了。

　　他发现自己还在大树下,便凝神深呼吸了几下。然后,他想起刚

才的梦，心想或许仙人是在给他指路。于是，他站了起来，凭借梦中的印象，去找那棵神奇的小树。

片刻之后，他在一座小山丘上看到了这种小树。这些小树虽然不及大树粗壮，但是树干笔直，枝叶繁茂，最为奇特的就是它的花朵正如炎帝梦中所见，像一个个五彩缤纷的花球。炎帝心喜，迫不及待地摘了几朵花。

他将一朵花放进嘴里，只觉得甘甜异常，顿时神清气爽。当他准备再食用一朵的时候，发现这些花朵似乎会动，它们不断地向东方伸展，似乎是在引领炎帝前进。炎帝深觉奇特，他想起仙人的话，觉得或许这种花会助他走出这片山林。

炎帝半信半疑，手中拿着这些花朵，顺着花朵指示的方向走去。不一会儿，炎帝隐约能看到山林尽头有村庄。他兴奋不已，确信这种花有指路的功效，便不再怀疑，一路顺着花朵的指引向前走。

只用了片刻工夫，炎帝竟从山林中走了出来。炎帝觉得这种树珍稀至极，给它取名为"迷榖"。

# 19 开五色花、结五色果的树

## 丹木

类别：果树
地域：峚（mì）山
外形：枝干红色，叶子圆形，开黄色花，结红色果
功效：予人充饥，寓意吉祥如意

> 丹木，出自《山海经·西山经》，原文中有"又西北四百二十里，曰峚山，其上多丹木，员叶而赤茎，黄华而赤实，其味如饴，食之不饥。丹水出焉，西流注于稷泽，其中多白玉。是有玉膏，其原沸沸汤汤，黄帝是食是飨。是生玄玉。玉膏所出，以灌丹木，丹木五岁，五色乃清，五味乃馨。……五色发作，以和柔刚。天地鬼神，是食是飨"的说法。

西山的山系当中，有一座名为峚山的山峰。这座山是中国古代的名山，根据人们考证，这座山如今位于陕西商县，又被称为密山。

古时候的峚山上，生长着一种极为罕见的大树——丹木。丹木的叶子呈圆形，树枝的颜色为红色。每逢春季，丹木会开出黄色的花朵，等到花朵凋落，就会结出红色的果实。赤红的丹木果实的味道十分美味，甜得像是饴糖一样，人们吃了它，就像吃饱了饭一样，不会再感到饥饿。

你可能会说，这样的大树有什么稀有的呢？路旁随便一种果树，都能开出花朵，结出甘甜的果实。到底丹木罕见在哪里呢？

从峚山发源的一条名为丹水的河流，从山上潺潺流下，向西注入稷泽当中。稷泽，为稷指导人们耕种的神奇河流，河水底部遍布着一

种白玉。这条大河的神奇之处，便在于其涌出的浩浩荡荡的玉膏。丹木的罕见，还得从玉膏说起。

传说，黄帝偶然行走到稷泽时，没有发现其他可以食用的东西，就从水中取了玉膏食用。这玉膏虽然看着不像能吃的东西，但是它实际上十分美味。黄帝尝了玉膏之后就停不下来，还收集了许多玉膏，分给了其他人。他还用一些没送出去的玉膏灌溉一株从峚山采集的丹木。

刚刚萌芽的丹木，在玉膏的灌溉下旺盛生长。这是黄帝没有想到的，他还以为以玉膏浇丹木，丹木会枯萎呢！看丹木生长得如此繁盛，黄帝就决定每天以玉膏为养料为丹木灌溉。

五年过去了，丹木生长成了一棵参天大树，它还在这一年的春天开出了五色的花朵。花朵的清香之气经久不散，香味都飘到了十里之外。春夏交替，五色花瓣最终凋谢。丹木之上又生出了一颗颗五色的果实。等到果实成熟了，黄帝采摘了一颗食用，发现这五色果实竟然十分美味，比原本的丹木果子还要香甜。

后来，黄帝培育出香甜的五色果的消息传开了，天地间的神仙、鬼怪、人类、鸟兽都纷纷前来品尝，他们还将这五色果带了回去，用以宴请自己的朋友和家人。就这样，五色果就成了天地间最受欢迎的果子，丹木就成了人间最稀有的果树！

## 20 没有枝条的树

类别：奇树
地域：洹山
外形：树身高百仞，不长枝杈
功效：养蚕缫（sāo）丝，因相传日出其下，故以其喻众辅臣

> 三桑，出自《山海经·北山经》，原文中有"又北水行五百里，流沙三百里，至于洹山，其上多金玉。三桑生之，其树皆无枝，其高百仞"的说法。另外，《山海经·海外北经》中也曾出现这种植物，其中有记载："跂踵（qǐ zhǒng）国在拘瘿东，其为人两足皆支。一曰反踵。欧丝之野在反踵东，一女子跪据树欧丝。三桑无枝，在欧丝东，其木长百仞，无枝。"

洹山，可以说是古代的一座较为偏僻的山峰了。想要到达洹山可不那么容易，根据古书中的记载，洹山位于我国的北部，从离它最近的湖灌山出发，需要先向北乘船行驶五百里，再经过一段长达三百里的流沙地，才能最终到达洹山。

洹山上生长着一种神奇的大树，其名为三桑。三桑的神奇之处既不在它的花朵，又不在它的果实，而在于它的外形。三桑这种树是一种没有枝丫的树，别的树木在春夏之际疯狂开枝散叶，三桑却十分执拗，从不多生长一枝树枝。

不过，三桑却没有浪费它从地下吸收的养分，它将这些养分都用在了"长高"上。相比于其他树木，三桑的高度可以说是"首屈一指"了。它的树高能够达到数百仞。"百仞"是古人用来形容极高的一种修饰语，按照古代树木的平均高度，三桑应该有几十米那样高。

很多人认为，最符合高且没有树枝特征的大树的，是生长在北美的巨柱仙人掌。这种仙人掌的高度有几十米，且没有多余的树干。再加上《山海经》中所描述的洹山附近有流沙地带，更能说明三桑生活的地区为沙漠地带，仙人掌是三桑的说法就更可信了。

不过，三桑并不仅仅生长在洹山，其还生长在另外一处名为欧丝的地方。传说欧丝这个地方的东面有一株三桑，一位女子常常跪坐在三桑前缫丝。所以，就有人认为，三桑可能就是桑树的前身，起初其可能并没有枝叶，但是随着时间流逝，它也生出了枝叶，并成了我们所熟知的桑树。

# 树中的大王

类别：乔木

地域：余峨山

外形：树身修长，枝干粗壮，树叶卵形或倒卵形，果实似球，成熟后为蓝黑色

功效：坚固耐潮，可做优质棺木

《山海经·东山经》载："又南三百八十里，曰余峨之山。其上多梓枏（nán），其下多荆芑（qǐ）。"梓树是古人宅院旁经常栽种的树木，后人还用梓树来比喻家乡。

梓木又名南树、梓树、花楸树、半风樟，属于樟科，落叶乔木。树皮幼时为黄绿色，老时为灰褐色；枝条粗壮，呈圆柱形，幼时带红色，干后变黑色；树叶互生，呈卵形或倒卵形，长于树枝顶端；果实近似球形，成熟时为蓝黑色。

相传，天上有一位梓树女神，她看护着天上的梓树林。一年，梓树女神下凡游历，在一个农夫家歇脚。

农夫淳朴，见梓树女神远道而来，便拿出饭菜招待她。梓树女神感念农夫善良，就答应帮助农夫达成一个愿望。

恰巧，农夫的孩子中了热毒，身上起了热疮，找了很多大夫都没有医治好。农夫借此机会，就请梓树女神救治他的孩子。

梓树女神听完，说道："天宫有一种树叫作梓树，它的树叶可以解毒，治疗热疮。正好我随身带了一些，你可以把这些树叶捣烂，敷在孩子的伤口上，一两日便见好。"

然后，梓树女神从身上拔下一些树叶给了农夫，又给了农夫两颗梓树的种子，接着转身飞走了。农夫见梓树女神飞走，便知道了她是神仙，急忙跪下叩拜梓树女神，感谢她救治他的孩子。

之后，农夫按照梓树女神说的方法，将梓树树叶敷在孩子身上。一天后，孩子的热疮果然好了。农夫认为梓树是神树，可以治病，便将梓树的种子种在门前。

几年后，梓树长成了一棵参天大树。附近的人们听了，都来求梓树的种子。从此，人们便开始种植梓树，并用梓树的叶子和树皮入药，用来治疗热毒、热疮等疾病。

虽然神话故事有不实的成分，但是梓树的确有一定的药用价值。《握灵本草》一书中记载："治霍乱不吐不泻，以梓木屑煎浓汁吐之。"《本草纲目》等古书中，也记载着梓树有去热毒，治疗小儿热疮、身头热烦、蚀疮的作用。

除此之外，古人认为梓木木材质量好，是白木之首，因此还经常用它来制作家具、乐器。如《埤雅》载："今呼牡丹谓之花王，梓为木王，盖木莫良于梓。"说的就是梓木声音清和，适合做乐器。

古时人们还有种植梓树，以此作为财产留给子孙的习惯。如南宋朱熹曾说："桑、梓二木。古者，五亩之宅，树之墙下，以遗子孙给蚕食、具器用者也。"

还有，梓木不容易腐烂，非常坚固且耐潮，因此古人还经常用梓木来制作棺材，古时很多皇家之人都喜欢用优质的梓木做棺材。

##  22 皇帝用的木材

类别：乔木

地域：瑶碧山

外形：树高30余米，树干粗直，小枝较细，树叶和果实皆为椭圆形

功效：坚硬耐腐，用途广泛，如建筑、家具等

> 《山海经·中山经》载："又东六十里，曰瑶碧之山，其木多梓枏，其阴多青雘（huò），其阳多白金。"其中，枏同"楠"，它指的就是楠木。楠木坚硬耐腐，用途广泛。

楠木，又名楠树、桢楠，属于樟科大乔木。楠木的树干通直，高可达30余米；小枝通常较细，有棱，被灰黄色或灰褐色柔毛；树叶革质，呈椭圆形；花中等大，花梗与花等长；果实呈椭圆形；花期4月至5月，果期9月至10月。

很久以前，有一个叫作徐林的商人，他以买卖木材为生。一次，他经过江西赣江时，木筏被一条大船碰到了。徐林急着做生意，本想不计较此事。谁知，大船的船主却仗着财势，反而让徐林赔偿钱财。

徐林见此事难办，想起自己的舅舅是此地的官员，就找来舅舅帮忙。徐林的舅舅了解情况后，帮助徐林解决了麻烦，并且向大船船主索要了赔款。

徐林为了答谢舅舅，回家后特意用上好的楠木做了一口棺材，并将这口棺材送给了舅舅，其寓意为希望舅舅可以升官发财。此外，徐林还特意设宴，用来答谢舅舅的恩情。

不料，徐林的舅舅恰好要到湖南办事，他不想辜负徐林的一番好意，只好让徐林把饭菜都放在棺材里面，等他办完事情再回来赴宴。徐林见此，只好按照舅舅的意见，将饭菜放在棺材之中。

一个月之后，徐林的舅舅回到家中。他想起徐林设宴一事，忙打开棺材查看里面的饭菜。神奇的是，棺材里面的饭菜味道鲜美如初。徐林知道后，觉得楠木是上好的木材，就将楠树奉为神树。

后来，因为楠木材质优良，坚硬耐腐，用途非常广泛。其中，楠木中的金丝楠木是树木中的珍贵上品，它的纹理和金丝相似，在阳光的照射下会发出熠熠金光，因此它成了皇室御用木。

明代长陵的祾恩殿是中国现存最大的楠木殿，这个大殿内就有60根金丝楠木制作而成的巨柱。

我们现在看到的北京故宫和许多著名的古代建筑如藏书阁、太和殿、乐寿堂，大多都是用楠木构筑的。还有雍和宫中的金丝楠木佛龛、承德避暑山庄的澹泊敬诚殿，这些都是中国首屈一指的楠木文物。

可以说，楠木无论在古代还是现代，都有着极高的经济价值。

## 23 果实能驱寒的神树
### 蓟(jī)柏树

类别：神树
地域：敏山
外形：形似荆树，开白花结红果
功效：性温，可驱散寒冷

《山海经·中山经》载："又东三十五里，曰敏山，上有木焉，其状如荆，白华而赤实，名曰蓟柏，服者不寒。"蓟柏树是上古时期的一种神树，传说它的花朵是白色的，果实是红色的，吃了它的果实就不会感到寒冷。

上古时期，在东方大地上有一座山叫作敏山，山上有一种树木，外观和荆树相似，它的花朵是白色的，果实是红色的，它就是《山海经》中的神树——蓟柏树。据传，蓟柏树性温，它的果实有保暖的奇效，人们吃了这种果实可以驱散寒冷。

相传，常羲是上古时期的月亮女神，她负责每天晚上把月亮送上东方的扶桑树，让温柔的月光洒满人间。之后，她又会驾着车，载着月亮，缓缓西行。直到天明时分，她再把月亮从西方运回东方，为月亮沐浴之后，等待着夜晚的到来。

不过，月亮和太阳不同。太阳总是散发着耀眼的光芒，温暖至极，而月亮

却散发着清冷的光芒，寒冷至极。常羲虽然是月亮女神，但是她和凡人一样，也可以感知冷暖。

刚开始，常羲只能依靠自身法力来抵抗寒冷，保持温暖。但长此以往，常羲渐渐感到力不从心。后来，常羲与太阳神帝俊相爱，结为夫妻。帝俊不忍看到常羲每天忍受寒冷的月光，便每天寻找可以让常羲保暖的方法。

一天，帝俊走到一个叫作敏山的地方。他看到山上长满了奇花异草，欣喜不已。他想着，或许这些花草中就有可以保暖的植物。于是，他便一种种尝试。不料，尝了大半天，他毫无所获。

帝俊无奈，只好在一棵大树下休息。这时，树上掉下来一颗红色的果实。帝俊感到饥饿，就拿起果子吃了起来。神奇的是，帝俊刚吃了两口，就觉得浑身热了起来。片刻后，一颗果子下肚，帝俊竟然大汗淋漓。帝俊心喜，终于找到了让常羲保持温暖的办法。

他连忙又摘了许多果子，然后拿回家中，让常羲食用。常羲半信半疑地吃了一颗果子，果然觉得通身温暖，感觉不到寒冷了。常羲觉得这种果子奇特，就和帝俊一起上了敏山，去查看这种神奇的树木。

只见这种树木树干修长，花朵洁白如雪，果实鲜红如血，十分好看。常羲非常喜欢，就把这种树叫作"葡柏树"，然后让帝俊移植了几棵，种植在他们家中。从此，依靠着葡柏树的果实，常羲再也不怕寒冷了，她每天都可以直接触摸月亮，为月亮洗浴，然后每天夜晚亲手把月亮放在扶桑树上。

## 24 流淌着香甜饮料的树

### 白䓘

类别：仙树
地域：仑者山
外形：形状像构树，枝干长有红色纹理，流出的汁液似漆
功效：可助人消除饥饿，解除忧愁，还可用来染玉

> 《山海经·南山经》载："（仑者之山）有木焉，其状如榖而赤理，其汁如漆，其味如饴，食者不饥，可以释劳，其名曰白䓘，可以血玉。"白䓘是神话故事中的神树，传说食用它的汁液可以饱腹，让人精神百倍。

仑者山上生长着一种叫作白䓘的树木，它的树皮上有红色的纹理，流出来的汁液像血红的漆，味道非常甘甜，食用后就感觉不到饥饿，而且这种树的树叶还可以当作颜料，用来染玉。

上古时期，仑者山上住着一位叫作西王母的神仙，人们都称她为"王母娘娘"。西王母长着老虎的牙齿，豹子的尾巴，头上始终佩戴着一枚血红的玉簪。她常年居住在仑者山上的瑶池中，每天清晨和黄昏都会在山头吼叫。

最初的时候，神仙和人类一样，都会经历生老病死。西王母出现后，觉得神仙高人一等，凡事都要和凡人不一样。于是，她种出了一种蟠桃树，神仙吃了树上的蟠桃就可以长生不老。此后，西王母每年都会在瑶池举行蟠桃会，并且请各方神仙参加，品尝蟠桃。

从此以后，神仙们都可以长生不老，一直容光焕发。

后来，西王母见神仙和凡人都要每天吃饭、喝水，以此补充体

力、能量，她觉得这一点也是神仙需要改进的地方，便整日思索解决之道。

昆仑山钟灵毓秀，生长着很多奇花异草、神奇树木。西王母就决定从昆仑山开始，寻找一种可以让人充满力量、不会感到饥饿的食物。为此，她尝遍了昆仑山上的植物，一一辨识这些植物的效用。

这天，西王母看到一种红色的树，这种树的树皮都有红色的纹理，并且每天都会流出鲜红如血的汁液。西王母深感奇特，取了一些汁液品尝，只觉得这种汁液甘甜无比，并且食用一滴就觉得精神抖擞，一天也不会感到饥饿。

西王母非常高兴，觉得这种树就可以当作神仙的食物。她将这种树命名为"白蓉"，并命人采集种子，在昆仑山大量种植。

百年之后，白蓉树都长成了参天大树，每天都会流出大量的红色汁液。西王母高兴地召开蟠桃会，让人把这种汁液收集起来，当作琼浆，供各位神仙饮用。各路神仙受邀，都来参加西王母的蟠桃宴。

宴会上，神仙们看到这种红色汁液，都好奇它是何物。西王母兴致勃勃地向众位神仙解释了一番，并请各位神仙品尝。各位神仙品尝后，果然觉得神清气爽，一点儿也感觉不到饥饿。

从此，白蓉就成了神仙专用的仙树。

## 25 住着玄狐和黑猿的千丈木

### 豫章

类别：神树

地域：厎（zhǐ）阳山

外形：树高千丈（3000多米），树干粗百丈（300多米），树冠坚韧茂密

功效：可以用来占吉凶，预测命运

---

《山海经·西山经》载："又西四百里，曰厎阳之山，其木多稷、枏、豫章，其兽多犀、兕、虎、豹、柞（zuó）牛。"豫章树枝干粗大，高千丈（3000多米），传说有占吉凶的神异功能。有学者研究发现，神话故事中的豫章树很有可能就是现在的樟树。

---

洪荒时代，东方大荒中有一种叫作豫章树的神树。这种树高千丈（3000多米），树干粗百丈（300多米），枝叶非常繁茂，枝条就像帷帐一样密不透风，而且无比坚韧，木匠用刀劈不动，斧子砍不动。最为神奇的是，豫章树上的一根树枝就代表一个方向、一个地方。

当时的农业并不发达，人们都要靠天吃饭，因此十分相信天象、占卜之说，认为每个人、每个州乃至全人类的命运都是注定的，都有各自的命象。

一次，一个大力士在东方大荒中发现一种奇树，这种树高3000多米，粗壮无比，枝叶极其繁茂。大力士觉得此树奇特，必定是神树，就想砍下一两根枝条带回家乡，让众人观赏。

谁知，这棵树非常坚硬，大力士用巨大的斧头砍了半天，就像砍在铁块上一般，没有丝毫磨损。大力士疑惑，不敢再得罪神树，忙跪下来在神树下面祈祷。这时，突然从树上蹿出一只黑色的狐狸和一只黑色的猿猴。

玄狐和黑猿看到大力士诚心祈祷后，竟然开口对大力士说："此树名为豫章，乃为神树，枝干所指，乃为各州，若砍之，断则州郡有危，不断则州郡无虞。今见你诚心祈祷，可准你试探一二。"

大力士听了，诧异万分。他看见豫章树的枝干的确指向四方各地的州。他想着既然豫章树可以辨别吉凶，正好可以用来查看自己所在州的天象。于是，他便找到指向自己所在州的枝干，用斧头砍了一下。

只见这根枝条断裂开来，流出红色的汁液。大力士心中一惊，不敢相信眼前的景象。他害怕自己的家乡会有危险，又开始质疑豫章树的神力。接着，他又找到邻州的枝干，用斧头砍了一下。只见这根枝干也开始断裂，但是还不等汁液流出，枝干又自己愈合了。

大力士害怕极了，他慌忙跑回了自己的家乡。一到州内，百姓们便告诉他，他们州的首领今天竟然病逝了，首领的儿子刚刚继承了首领之位。大力士又打听邻州的动向，别人告诉他，邻州首领带领大家找到了一种新的粮食，人们都在忙着耕种。

大力士这才知道，原来玄狐和黑猿没有骗他，豫章树果然是一种神树。此后，人们就将豫章树作为占卜之树，用它来预测各州命运。

## 26 能驯服马的树 芑

类别：奇树

地域：东始山

外形：形似杨树，树干布满红色纹理，树汁似血

功效：可以驯服牛马，协助农收

《山海经·东山经》载："又南三百二十里，曰东始之山，上多苍玉。有木焉，其状如杨而赤理，其汁如血，不实，其名曰芑，可以服马。"芑是神话故事中的奇树，它的汁液可以驯服马。

《山海经》中记载着，南方有一座东始山，能产出玉石。山中还有一种神奇的树木叫作芑，它的外形和杨树相似，但是树干纹理却是红色的，树中的汁液也是红色的。据说，这种树木不能结果，但是树干中的汁液却有奇特的效用，可以让马听话。

上古时期，周族先祖后稷开创了农耕时代，教会人们耕种——种植粮食。后来，后稷将首领之位传给了他的弟弟台玺。台玺不忘后稷的志向，继续带领人们发展农业。直到台玺年迈，又把首领之位传给了自己的儿子——叔均。

叔均从小聪明能干，六岁就懂得辨识天象，辨别耕种的时气。他继位后，不仅带领人们耕种了很多的粮食，帮助百姓年年获得丰收，还教会人们驯服牛，让牛帮助百姓犁地。从此，人们进入了牛耕时代。

做完这些，叔均隐居在山林之中，整天思索更多有利于民的办法。一次，叔均在山林中游走，发现了一匹野马。野马在山林中肆无

忌惮地狂奔，所到之处尘土飞扬。叔均看着野马，想到马如此勇猛，却不能征服它，真是太可惜了。

就在这时，叔均又看到奔腾的野马突然停了下来，乖乖地站在一棵树旁边，宛如做错事被责骂的孩子，一声不吭。叔均诧异，立刻走上前去，想要一探究竟。

叔均走到跟前，发现野马面前长着一棵红色的树。这种树通体赤红，树叶繁茂，树干上的纹理分明。新奇的是，当时正值丰收之期，其他树都结满了各种各样的果实，只有这种树还满是绿油油的树叶，不见一个果实。

叔均觉得奇怪，用随身携带的小刀在树干上划了一下，只见红色的液体从树干中喷涌而出，有一些还溅到了马身上面。野马沾染上这种液体之后，竟然乖乖地卧在了地上，并直视着叔均，似乎是在等叔均的指示。

叔均感到神奇，试探性地坐在马背上，然后对野马说："去田间。"野马听了，立刻站了起来，驮着叔均一路狂奔，片刻之间就带叔均来到了田间。叔均这才知道，原来山林中的奇树可以让马儿听话，听从人们的指示。

为了验证奇树的效用，叔均又依次说了几个地方。野马听了，都能飞快地将叔均带到指定的地方。叔均这才深信不疑。后来，叔均就把这种树叫作"芑"，用它的汁液当作驯马的药物。

从此，人们需要到远方去，就把芑树的汁液涂在马的身上，用它来驯服野马，快速到达自己想去的地方。

## 27 长着方形枝干的树

### 栌（lì）木

类别：奇树
地域：历儿山
外形：树干方形，叶片圆形，开黄花，结拳头大小的果实
功效：可以增强记忆力，使人过目不忘

《山海经·中山经》载："又东二十里，曰历儿之山，其上多櫔（jiāng），多栌木，是木也，方茎而员叶，黄华而毛，其实如楝（liàn），服之不忘。"栌木在现实生活中并无考证，只是一种存在于上古神话中的树木，传闻果实食之可以过目不忘。

我们平常所见树木枝干几乎全是圆柱形的，但是在上古传说中有一种树的枝干是方形的。传说在上古时期，平原地区有一座叫作历儿的山，山上有种树叫作栌木。这种树的枝干是方形的，花朵是黄色的，果实和拳头一样大，吃了可以拥有过目不忘的本领。

古时候，颛顼和共工各自统领着自己的部落，他们分别带领百姓发展农业。

共工认为，只有拥有足够的水，粮食才能生长得更多更好。为了满足这一条件，共工发明了筑堤蓄水的方法。他教人们修筑堤坝，将水存在堤坝之中，在雨水少的季节里用堤坝中的水浇灌耕田。

共工还发现有的地方地势太高，浇灌时很吃力，有的地方地势太低，经常被多余的水淹没。为了能让所有的地方都可以得到适当灌溉，共工想出来一个计策。他提议把高处的土运到低处，垫高那些洼地，这样更有利于水利灌溉。

共工的做法得到了人们的支持,一时间人们都敬重共工。

而后共工主动向颛顼发动攻击,但打斗过程中共工连连败退,一直逃到了不周山。共工见颛顼死追不放,愤怒地向不周山撞去。霎时,天地之间也发生了巨变,日月星辰、山川河流都发生了变化。

而在平原之中,有一种树木被碎石挤压成了方形。经过了数百年的变化,这种树木的树干和树枝竟然长成了方形。有个农夫偶然看到了这种树,觉得稀奇,就采了很多这种树的种子,然后将它们种植在了山林中。

过了数年,山林中竟长出了一片方形枝干的树林。这种树木开满了黄色的小花,非常漂亮。到了秋天,花朵凋落,结出了一个个硕大如拳头的果实。农夫心喜,摘了一个果实,给自己的孩子食用。

　　没想到的是，农夫的儿子吃了这个果实后，居然记忆力超群，凡是他看到过的文字、东西，都能过目不忘。附近的人们听了，都求农夫赠予这种果实。后来，农夫就把这种树木叫作枥木。

## 28 浑身青色的树 —— 柜(jǔ)格松

类别：奇树

地域：方山

外形：树形巨大，树皮青黑，叶子如松

功效：日月的住所，方山的守护者

> 柜格松，出自《山海经·大荒西经》，原文有"西海之外，大荒之中，有方山者，上有青树，名曰柜格之松，日月所出入也"的说法。

在中国古代的西海之外、大荒之中有一座很有名的山，叫作方山。山中有一棵名为柜格松的青色大树，它的树干迎风斜倚，立于风雪之间，从远处看上去，好像摩天擦云，直达天际，实乃天下树木的翘楚。相传柜格松是太阳和月亮所出入的地方，因此人们将它视为方山的护山神木。

在传说中，羲和是中国最早的太阳神，她和天帝帝俊生了十个孩子，这十个孩子都是三足金乌的化身，它们每日轮流被母亲羲和驾车带着升起，照亮大地。常羲是中国传说中的月亮神，她与羲和一样，也是天帝帝俊的妻子，她和帝俊生下了十二个孩子，作为十二个月亮，亦为一年的十二个月。每天由它们的母亲常羲载着它们上天，将月光洒满天地。

过去的人们没有钟表，只能靠日出日落来判断时间，日出而作，日落而息。羲和一般驾着车带领金乌从东方升起，然后从西方落下，再由月亮神常羲带着月亮接替它们，周而复始。

由于日月所出入的严格规定，金乌们和十二月一年下来也很少聚

会一次。因此，为了让金乌们和十二月相聚，羲和与常羲就会为它们选取一棵树作为"聚会"的地点，方便它们栖息。经过羲和、常羲两位神祇的筛选，迎风伫立、高耸入云的柜格松就成了它们聚会的首选之地。

这天，羲和同往常一样载着金乌们上天"工作"，在傍晚时分就准备带着它们去往柜格松和十二月会合。与此同时的另一边，常羲也载着十二月正在往柜格松那里赶。

在羲和与常羲的努力下，金乌们与十二月都到了柜格松，它们纷纷离开母亲，亲热地彼此打招呼，玩成一团。

方山之下，人们已经被家中的公鸡叫醒，睡眼蒙眬地背上锄具去往田野里。

"天啊，快看那里！"一个人忽然惊呼，抬着手指向山上。

身边的人眼睛还没有睁开，漫不经心地顺着他的手指看去。"你又瞎叫什么……"话语戛然而止，他被眼前的异象震惊在原地。

"这是……日月同辉？"

只见此时的天上，东方的位置火红一片，太阳正在升起，而在它的不远处，月亮的样子依旧清晰可见，月色朦胧。强烈的反差却莫名的和谐美丽，让人忍不住沉醉其中。两者之间，一棵擎天大树静静伫立在那里，直插云间。

"太美了！"

"娘亲你看，这个太阳和月亮是不是就像在柜格松上一样？"有个小女孩忽然问她娘亲。

所有人这才发现，果真和小女孩说的一样。由此人们就将柜格松看作是太阳和月亮所出入的地方，代代相传。

## 29 食之可长生不老的树
### 不死树

类别：神树
地域：昆仑山
外形：树干细长，树顶如绿色大伞，根节交错
功效：能让人长生不老

> 不死树，出自《山海经·大荒南经》，原文有"有不死之国，阿姓，甘木是食"的说法。另外晋代的郭璞对这句话添加了备注："甘木即不死树，食之不老。"

在古人眼中，昆仑山是一个非常神秘的地方，这里不仅华美异常，而且匪夷所思。此山方圆八百里，有各种神兽守护，也生长着很多神奇的植物。在开明兽的北面有一群不死松，它们巍峨高耸，绿色的树顶，树干细长，好多根盘结交错在一起，形成一整棵树。

相传不死树的树干可以食用，人们吃了它就可以长生不老。这和传说中的龙血有同样的功效，因此人们又将不死树称作龙血树。

魏国的皇帝魏询就是一个对长生不老之术非常痴迷的人，在他的皇宫之中有专门为他炼制"仙丹"的仙师。

魏询曾经派遣过使者去往遥远的沙漠进行交流往来，但是一年多过去，使者团音信全无，丝毫不见踪影。

魏询以为他们已经遇难，于是便下令好好安抚官员的家属，随后就将这件事情忘到了脑后。

可谁知，在十年之后，这个使团竟然回来了。历经风霜的他们损失了不少人，活着回来的不过十人左右。

魏询听闻这个消息,赶快让他们进宫。官员代表见到皇上之后,立刻将这些年的遭遇禀告给了他。

原来,当年他们的团队被卷入了一场沙尘暴之中,很多人失散了,唯有他们几个人存活了下来,但是粮食和水都没有了。他们在沙漠中漫无目的地走,最后晕倒了,被人救了起来。

那个救他们的人自称姓阿,叫阿麦迪,今年已经168岁了。他们的国家号称不死国,很多人都是不死之身。

"当真有这么神奇的国家?"一直追求长生的魏询眼睛都亮了,"那朕也要去!"

官员说:"不死国地处沙漠之中,在沙漠中方向难辨,恐怕很难找到。但是不死国国民不死之谜,臣已为皇上找到。"

"哦?爱卿快快为朕道来!"

"不死国人人都以不死树为食,吃了之后便可以长生,臣特意趁

当地人不注意为皇上寻来一小块。"官员恭敬地呈上。

魏询一下子龙颜大悦，赏赐了他很多东西，随后便将这树皮吃了下去，并没有什么特别的感觉。

就这样一连过去了几十年，魏询依旧很年轻，可是他身边亲近的人已经陆续死去，就连子孙后代也死去了不少，他却依然活着。经历过太多白发人送黑发人，只有他一人长生的日子，魏询的心已经有些麻木。他厌倦了这样的生活，于是传位给他的后代，自己离开了皇宫。

这个事迹传到民间，一下子所有人都知道了不死国的事情，不死树的神奇功效也随之流传下来。后人还尝试过去寻找不死国，但都一无所获。

## 30 满身通红的树 —— 若木树

类别：神树
地域：衡石山、九阴山、灰野山
外形：树身通红，长青色叶子，开红色花朵
功效：大地之母，遮蔽太阳热量，保护大地生灵免受烫伤

> 若木，出自《山海经·大荒北经》，原文有"大荒之中，有衡石山、九阴山、灰野之山，上有赤树，青叶，赤华，名曰若木"的说法。

在昆仑西极的大荒之中有三座大山，分别为衡石山、九阴山、灰野山。在这些山上遍布着一种满身通红的树木，这种树木有着青色的叶子、红色的花朵，人们为它起名为若木。

相传若木树的头顶有十个太阳，炎热无比，靠近它的人都很有可能不小心被烫伤。若木树为了保护人们，就将自己的树枝遍布整个大地，将太阳所散发出的光芒遮挡，这样就不会有生灵被烫伤了。人们非常感激若木树的保护，感觉它的存在就像母亲一样，所以亲切地称呼它为大地的母亲。

古时候，衡石山下村子里的村民经常会到衡石山上去采摘果实、伐木等。人们白天、晚上都可以上山，因为衡石山上有一棵非常大的若木树，树顶有十个太阳，可以使整个衡石山时刻保持明亮。

这天晚上，淘淘的父亲要去衡石山上打猎，又不放心把他自己留在家中，于是将他一并带到了山上。

正好碰到邻居家的几个妇人在这里洗衣服，于是父亲就让淘淘和小伙伴去玩耍，自己则前去查看白天布置好的陷阱。

淘淘和几个小伙伴玩得很开心，他好奇地问："小虎哥哥，为什么衡石山会这么亮啊？"

"那是因为山上有太阳在这里休息呢！"

"啊？真的吗？那我们这么大声会不会吵到它们啊？"淘淘立马捂住嘴，小声地问。

这个问题小虎也不太清楚，于是也小声地回答他："我也不知道，那我们还是小声点吧。"

其他小伙伴闻言，也压低了声音，说起了悄悄话。

淘淘有些痴迷地盯着远处的大树："我们过去看看好不好？"

小虎本来不想带他们去，但是拗不过小伙伴们都想去，只好说："先说好了，都不要离得太近……"

淘淘几个人到了若木树附近，只感觉到一股热浪袭来，周身的温度一下子就上去了。

"好热啊！"有几个小伙伴擦擦自己的汗水，嘟囔着。

"太阳就在那上面,你说热不?"

小虎也擦了擦头上的汗水,正准备说回去,却发现少了一个人。一转身差点尖叫出声,原来淘淘就在大家都忙着擦汗的时候,往若木树下跑去了。

"淘淘——"几个小伙伴着急不已,小虎连忙往回跑,准备去叫大人。

就在这时,若木树突然伸出一根树枝,将淘淘拦腰抱起,送到了小伙伴的身边,并在他们面前拉起了长长的一条横杆。

当大人们赶来的时候,淘淘已经安然无恙地在和小伙伴们玩耍了。孩子们将这件事情的经过七嘴八舌地告诉了大人们,大人们纷纷跪地,感谢若木树。

由此,关于若木树的传说就渐渐流传开来。

#  31 用来造车轮的树

## 檀树

类别：奇树
地域：英山、铃山
外形：树身巨大，树干坚硬，树冠繁茂，高达30米
功效：用以制造战车车轮

> 檀树，出自《山海经·西山经》，原文有"又西七十里，曰英山，其上多杻（niǔ）檀，其阴多铁，其阳多赤金""西次二山之首，曰铃山，其上多铜，其下多玉，其木多杻檀"等说法。

在中国古代有一座名叫英山的山峰，山上有很多檀树。其中有一棵檀树非常巨大，光是树冠就有30米之高，这棵树的树龄也有2000多岁了。檀树的树干质地坚硬，因此古人常常会用檀树的树干做成战场上所用战车的车辁辘。

相传，在那个战火纷飞的时期，李、赵、韩三个国家之间局势非常紧张，经常发生大大小小的战争。

李国是三个国家中战斗力相对来说比较弱的，军队擅长近战，一旦涉及长途跋涉的战争，就会非常消耗士兵们的体力。

虽然李国也有战车，但是战车的车轮太过脆弱，只要被敌人砍断，或者遇到陷阱、石头等尖锐的物品，车轮就会立马散架，一整辆战车完全报废。为了这个事情，朝廷上下愁坏了，身为丞相的王睿更是愁得连白头发都多了几十根。

下朝之后，王睿便乘坐自家的马车往回走，顺便去接外出去寺庙上香的妻子。路上经过一片田地的时候，马车被石头硌了一下，车轮

破损极为严重。

王睿联想到战场上的战车，心中又生气又无奈，他挥挥手让车夫先去接夫人，自己则带着侍从在田边坐着等待。

车夫走之后，王睿就坐在石头边思考战车的改良之道。

一道声音在身边响起："这位先生，需要帮忙吗？"

王睿抬起头，正对上一个和蔼可亲的老伯，老伯坐在牛车之上。

王睿笑了笑："没事的，老伯，我在这里等人。"

王睿看着老伯身下的牛车，只有一张大木板和两个黑黢黢的轮子，不由关心道："老伯，你这牛车是不是很颠簸啊，这车轮要是坏了，你一个老人家可怎么办啊？"

"怎么会坏呢？这车轮可结实得很呢！"老伯很是大力地拍了拍自己的牛车，热情地向他介绍，"我都用了快二十年了，也没见它坏过啊！"

王睿不敢相信地瞪大眼睛："当真？"

"当然，你不信我带你去看看。"

王睿闻言吩咐侍从在这里等车夫，他则直接上了老伯的牛车，一路颠簸到了老伯所在的村子。

经过老伯的介绍，王睿才知道这车轮是由檀树制作而成，非常坚硬且不易磨损。王睿感觉自己头疼了几日的问题终于得到了解决，回去后赶快联系军队，利用檀树制作了一批车轮进行试验。

结果显示，檀树制成的车轮果然非常耐用。于是，这批车轮很快就投入战车中使用。战车有如神助，将士们大发神威，将韩、赵两国的士兵赶回了他们的国家，守护住了自己的国家。

由此，利用檀树制造车轮的秘密被李国人保留了下来。

## 32 果实让人永不会溺水的树

### 沙棠树

类别：奇树
地域：昆仑山
外形：形似棠梨树，开黄花，结红果
功效：可预防水患，使人在水中漂浮不沉

> 沙棠树，出自《山海经·西山经》，原文有"（昆仑之丘）有木焉，其状如棠，黄华赤实，其味如李而无核，名曰沙棠，可以御水，食之使人不溺"的说法。

古代的昆仑山是天帝在下界的都城，由天神陆吾掌管，山中有很多奇珍异兽、花草树木。其中有一种树，形状看起来像棠梨树一样，开着黄色的花，结出红色的果实，这种树就是沙棠树，它结出来的果实就是沙棠，味道和李子很相像，但是没有果核。

传说沙棠具有奇效，人们可以用它预防水患，并且食用之后还可以让人的身体在水中漂浮不沉，即便是不会游泳的人也不怕溺水了。

相传曾经有一次作战，有一个士兵误打误撞闯入了昆仑山之中，不小心迷路了。

他曾听闻昆仑山中各种危险并存，因此格外小心。但是他在林子中寻觅了几日仍旧没有找到出路，还险些惹到山上的野兽，为了躲避野兽的追赶，更是慌不择路，跑得弄不清楚方向。

他的肚子饿得咕咕响，于是只好去采摘树上的果子。正好不远处就有一棵像是棠梨树的树，树上结着红色的果实。他摘下之后拿到河边用水冲洗了一下，就放到了嘴里。

一连几天,他都躲在这棵沙棠树上,靠着果实充饥。直到他看到了军中的烟火信号,才确定了大概的方向,准备回军营。

却不承想,他刚下树就被等待许久的野兽看到了,一下将他顶了出去,落在了河里。

士兵一下子就觉得自己完了,他一点儿也不会游泳,肯定要被淹死了。

但谁知,他的身体并没有沉下去,而是顺着河流一路漂了下去,直到他抓到石头才停下来。他费力地爬上岸,发现自己竟然来到了军营驻扎地附近。

这野兽也算是帮了他一个大忙吧?

他拖着沉重的身体回到了军队,战友们对他的经历纷纷称奇,就连将军也来慰问他,并嘱咐他好好休息。

他看着将军愁眉不展的样子,于是出声询问。原来将军正在为如何偷袭敌人发愁,虽然可以从山涧下的水中过去,但是军中水性好的人并不多,根本无法实现这个计划。

士兵灵机一动,想起自己吃过的那个果实,连忙禀告给将军。将军听完大喜,让他稍作休息,然后再带人去采摘果实。

士兵连忙称是,休整过一天之后,就带着人奔昆仑山而去。他们采摘了很多沙棠果回来,让士兵服用之后,果然连不会游泳的人也不会被淹死了。

将军高兴极了,大手一挥,决定当晚偷袭敌军。借着月色,他们以山涧中的瀑布作为掩护,一个个在水中游了过去,直捣敌人的军

营,将对方杀了一个措手不及。

这次夜袭大获全胜,这些让他们立功的果实随之出了名,而结出这些果实的沙棠树也被更多人知晓。

## 33 能杀死鱼的树

类别：毒树
地域：柄山
外形：树干高大，枝叶向外扩散，整体呈伞状，树叶呈心形，样子像手掌，果实带荚
功效：专门毒杀鱼类

《山海经·中山经》载："（柄山）有木焉，其状如樗（chū），其叶如桐而荚实，其名曰茇，可以毒鱼。"

茇树，树干高大，枝叶向外扩散，整体呈伞状，树叶呈心形，样子像手掌，结出的果实带荚。据说，茇有毒性，且毒性专门针对鱼类。

远古时代，火神祝融协助天帝管理天南一万二千里区域。有一次，祝融接到天帝的命令，说某地有要务让他去处理，祝融就马不停蹄地赶了过去。

祝融星夜兼程，翻山越岭，行了好几日，眼看就要到达目的地时，却被一条宽阔汹涌的大河挡住了去路。

祝融虽然本领高强，但他身为火神，面对水却无计可施。祝融只好等在河边，希望有经过的船只能将自己带过去。然而，他等了好一阵子，别说船了，连半个人影都没见着。

祝融心想，此地莫不是有什么危险的东西？正在这样想着，突然，河中掀起了惊涛骇浪，声音震耳欲聋，祝融被吓了一跳。他找了个相对隐蔽的地方，定睛细看，只见那大浪中间冒出一条像龙一样的

大鱼，头上长着长长的角，身上遍布黑红的花纹，两只血红的眼睛像灯笼一样，看起来很是吓人。

"这怪东西究竟是何方神圣？为何会在这河里？如今我又该怎么过河呢？"祝融脑子里浮现出了一连串的问题。正在这时，祝融的目光被自己面前的一棵并不粗壮的树吸引了过去，祝融走得稍远些看了看树的形状，又摘下一片树叶仔细观察，露出了胸有成竹的笑容："真是天助我也，这不就是专门杀鱼的芰树吗？上天真是懂得相生相克之理，在这大鱼周围长出专门杀鱼的树，为的就是能让有心人获得一线生机。"

祝融折下几根枝条分别系在身上各部位，又拿了一些在手上。他走出去站在显眼的地方对着那怪物一阵大喊，那怪物听见祝融的"挑衅"，一个翻身就游到了岸边，伸长了身子将脑袋递到了祝融面前，张开了血盆大口。祝融连忙将手里的芰树枝条伸了出去，那鱼见了这枝条像看见了什么可怕的东西似的，马上闭上了嘴巴，俯下了身，变得"乖巧"起来，还示意祝融坐到它的背上。最终，祝融在芰树枝的保护下，骑着大怪鱼顺利过了河，赶到了目的地处理好了事务。

##  像牛一样的树

类别：神树

地域：都广之野、若水之畔

外形：高达百仞，外形像牛，树干满布沟壑，长着黄色蛇皮般的树皮，叶子如罗网，结圆锥形果子

功效：沟通天地，是上古帝王往返天上人间的媒介

> 《山海经·海内南经》载："有木，其状如牛，引之有皮，若缨、黄蛇。其叶如罗，其实如栾（luán），其木若蓲，其名曰建木。"
>
> 《山海经·海内经》载："有木，青叶紫茎，玄华黄实，名曰建木，百仞无枝，上有九欘，下有九枸，其实如麻，其叶如芒，大暤爰（yuán）过，黄帝所为。"意思是，建木高达百仞，没有枝条，果实像麻果，叶子像芒树叶，顶端有九根蜿蜒曲折的枝干直至天宫，上古帝王太昊伏羲和轩辕黄帝就是借助它来往于天地之间的。

建木是古代巴蜀先民崇拜的一种神树，相传，建木是沟通天地的桥梁，它生长于都广之野、若水之畔，高达百仞，外形像牛，树干满布沟壑，叶子如罗网，结圆锥形果子，树皮像黄色的蛇皮，一扯就掉。

上古时期，伏羲、黄帝、炎帝都身兼双职，既是地上的人类首领，也是天上的神仙，因此他们经常需要往返于天地之间，高耸入云的建木就充当了众位上古帝王上天入地的媒介，使得他们可以较为方便快捷地在天地之间不断往返。

《山海经》中对建木的描述十分详尽，这似乎意味着建木的确真

实存在过，也因此很多古代书籍中都有对它的记载。

如《吕氏春秋·有始》中说："白民之南，建木之下，日中无影，呼而无响，盖天地之中也。"意为白民国的南边有一处是天地的中心，那里生长着一种叫建木的树。在正午时，人们站在这树下就看不见影子，大声呼喊也发不出声音。

两晋时期的文学家郭璞还根据《吕氏春秋》的记载，为建木作了注解："建木，青叶，紫茎，黑华，黄实，其下声无响，立无影也。"

此外，西汉著作《淮南子·墬形训》和唐代诗人卢照邻的《病梨树赋》中也都提到了建木："建木在都广，众帝所自上下，日中无景，呼而无响，盖天地之中也。""建木耸灵丘之上，蟠桃生巨海之侧。"

这些描述都彰显了建木的神奇，所生之处神奇，所具备的功能更是神奇，不仅可以屏蔽声音景象，还可让人上天入地。

事实上，建树所谓的"通天地"功能其实另有奥妙。

古代，人们所说的天或天堂，并非指空间意义上的苍穹，而是指代灵魂的归处，由此可推断，所谓"通天"并非真的从地面到达天上，而是一种灵魂脱离身体的状态，以现代的眼光去看，其实就是一种产生幻觉时的感觉。

早在史前时代，我国先民就发现了很多有着特殊毒性的植物，人吃了它们就会产生幻觉，感觉灵魂与身体分离，进入了一个全新的异度空间，当时的人们不知道如何解释这种现象，就认为到达了"天堂"。

## 35 长着红枝、青花、黑果的树

### 朱木

类别：神树
地域：盖山国、岳山
外形：枝干和树皮都是红色的，叶子是青色的，结黑色果实
功效：木质坚硬，常用来制作刑具，也是朱氏族的族徽和图腾

> 《山海经·大荒南经》载："帝尧、帝喾（kù）、帝舜葬于岳山。爰有文贝……朱木，赤枝、青华、玄实。"
> 
> 《山海经·大荒西经》载："有盖山之国。有树，赤皮支干，青叶，名曰朱木。"

朱木是神话传说中的神树，是一种赤心木。它的枝干和树皮都是红色的，叶子是青色的，果实却是黑色的。朱木是半阴性植物，不喜多光，若光照太充足就会死亡，同时也不喜欢太多水分，因此朱木生长得十分缓慢，长成后木质非常坚硬，即使枯萎后很长时间也不会腐烂，因而有"生千年，死千年"的说法。

相传，朱木是天帝用来制造刑具的材料，每当有人或神触犯了法规条律，天帝就会命令侍卫拿来朱木制成的刑具，对犯罪之人进行惩罚。用朱木行刑的伤痕即使痊愈，也会留下红色的印记，这为司法管理提供了很大的便利。那些有过错、将受到惩罚的人，如果被发现身上有朱木的印记，就会加重刑罚的程度。

实际上，朱木在现实中是存在的，虽没有神话中那般神奇，但也是一种很特别的树种。

在人类的早期时代，为了更好地生存下去，中华先民一般都依林或水而居。那时，人们对于自然界的一切都感到神秘和恐惧，天上的风云变幻、雷鸣电闪、日月运行，地上的飞禽走兽、山水石木，这些事物或现象对于当时的人们来说是难以理解的，因而都被认为是有神灵主宰的。

当时，有一支血缘氏族群体，他们生活的地方周围生长着一种赤心木。经过长时间的"相处"，这个群体的人们对这种植物产生了依赖和崇拜的特殊情感，他们将其称为"朱木"，认为它象征着正直忠诚。

久而久之，这个氏族逐渐将朱木神化，认为自己是朱木后裔，并称自己为朱氏族，将朱木作为本族的族徽和图腾。这个"朱"氏族就是后世朱姓人的血缘先祖。

## 36 集红黄白黑于一身的树

### 甘柤（zhā）

类别：奇树

地域：盖犹山

外形：枝干红色，叶子黄色，开白花，结黑果

功效：增长人的灵性，助人成仙

《山海经·大荒南经》载："有盖犹之山者，其上有甘柤，枝干皆赤，黄叶，白华，黑实。东又有甘华，枝干皆赤，黄叶。"

甘柤是远古时期的奇树，它生长在大荒东南地丘，长有红色的枝干、黄色的叶子，开白花，结黑果，相传有能让人成仙的作用。

很久很久以前，在一座大山脚下生活着几十户人家，这里生活的人们以种植稻谷、养殖为生，他们日升而作，日落而息，过着简单的男耕女织的日子。

这几十户人家中有一对夫妻，他们为人忠厚善良，经常帮助别人。后来两人有了一个小男孩，据说男孩出生时，天上有五彩祥云，地上百鸟齐鸣，旁人都说这是吉象，这孩子将来必成大器。

转眼小男孩长到了八九岁，吉祥的事没遇到多少，倒是接二连三地生病，身体特别虚弱。夫妻俩带着孩子看了不少大夫，吃了不少药，身体却一点都不见好。

有一天傍晚，夫妻两人又在为儿子的病发愁，突然见外面本已经暗淡下来的天空出现了耀眼的光芒。夫妻俩赶紧走出门外，只见云端飘立着一位身披白羽衣的女子，她的周围流光溢彩，十分绚烂。

那女子从身边的光中随手一抓，变成了一个植物的枝条，然后将

它递送到了这对夫妻手上,告诉他们,他们的孩子不是凡人,因前世犯了错误,今生被贬于凡间饱受病痛之苦,如今刑罚已够,当回归本位,用这神树甘柤的枝叶,就能帮他治好病痛,找回前世的记忆。

夫妻俩接过那五颜六色的枝条,对着仙女感谢了一番。夫妻俩看着睡梦中的儿子,虽不舍得孩子离自己而去,但更不忍心他就这样被病痛折磨,就狠下心来,将枝条捣成汁液,喂儿子服了下去。

男孩刚一吃完药,脸色就变得红润起来,身体突然腾空而起。他飘到云上对着父母磕头拜别,随后飘然远去。

　　夫妻二人后来太过思念儿子，就将没有用完的甘柤枝条种了下来，甘柤就这样在人间扎下了根。

# 下篇

## 灵枝神叶

## 37 专治心痛病的草
### 萆荔 (bì lì)

类别：药草
地域：小华山
外形：像乌韭，羽毛状的叶子
功效：可以治疗心痛病

> 萆荔，出自《山海经·西山经》，书中记载："又西八十里，曰小华之山……其草有萆荔，状如乌韭，而生于石上，亦缘木而生，食之已心痛。"

在华山山脉中有一座小华山，小华山的山势陡峭险峻，就在这悬崖峭壁的石缝中长有一种仙草，名叫萆荔。

萆荔长得像乌韭，草茎横着生长，远看像是一簇羽毛的形状，仔细看，构成"羽毛"的都是一些小叶片，很细小，很坚硬，就像羽毛上的鳞片一样。萆荔拥有清新的香气，闻起来令人神清气爽。萆荔只生长在石缝中，靠着露水的滋养，生长得很缓慢，因此十分珍贵，更难得的是它还是一种仙草，将萆荔煮水服下，便可治愈心痛病。之所以有如此神奇的功效，那是因为这是神仙留下的草药。

话说上古时候，有一次西王母乘坐青鸟驾的鸾车从华山路过，见此地风景秀丽，便停下歇息。这时见山中一个青年正在艰难地爬山，身后还背着个篓子，但是却空空如也。这山峰陡峭无比，那人累得满头大汗，却不肯停下休息，似乎正急着寻找什么东西。眼见着太阳西沉，那青年却什么也没找到，急得坐在地上哭了起来。

西王母一向慈悲为怀，见此情景，觉得此人可能有什么难言之

隐，决定问个明白。于是施展法术化作一位普通妇人，过去询问那青年。

原来那青年家中有老母，近日患上了一种心痛病，受尽折磨。青年寻遍了周围的大夫，却无人能医治，他又不想就此放弃。听说小华山中出产许多药材，他便想着上山来寻找，如果能有幸找到些人参、灵芝等仙草，拿回家去给母亲服用，说不定能减轻母亲心痛病的痛苦。可是谁知道，连找了几天，丝毫没有收获，他这才坐在地上痛哭起来。

西王母听完，也被这青年的孝心感动，于是决定帮助他。她对那青年说："说来真是巧了，我这里正好有一种草药，名叫荜荔，专治心痛病，你在这里等着，等我去给你取来。"那青年一听，感激涕零，连忙给西王母磕头。西王母召唤出青鸟，拔了青鸟一根羽毛，那羽毛到了西王母手中便化作一蓬青草，西王母将青鸟羽毛化作的青草交给那青年，又让他闭上眼睛。

等青年睁开眼时已到家中，他知道这是神仙在帮助他，于是赶紧将这青草煮成水给母亲服用下去，就此治好了母亲的心痛病。

后来，在西王母和那青年遇见的地方便长出了一丛丛羽毛状的草药，这就是荜荔。

## 38 长有雪白花朵的草

### 黄雚（guàn）

类别：药草
地域：西方大地的竹山中
外形：形状像樗树，叶子像麻的叶子，开白色的花朵，结红褐色的果实
功效：消除疥（jiè）疮，治愈浮肿

> 黄雚，出自《山海经·西山经》，书中记载："（竹山）有草焉，其名曰黄雚，其状如樗，其叶如麻，白华而赤实，其状如赭（zhě），浴之已疥，又可以已胕（fú）。"其中，樗指的是樗树，赭是红褐色的意思，疥指的是疥疮。

在西方的大地上，有座竹山，山里有一种草，名叫黄雚，它的形状像樗树，叶子像麻的叶子，开白色的花朵，果实颜色是红褐色的，用它来洗浴可以消除疥疮，也可以治愈浮肿病。

黄雚的叶子能够散发臭味，因此很多的虫子都不会靠近黄雚。人们对这种草药不了解之前，也不愿意靠近它。之所以发现黄雚能够治愈疥疮，还是因为一个非常偶然的事件。

在竹山脚下有一个小部落，居住着一个靠打猎为生的族群。

有一年，部落中的一个人突然得了一种怪病，浑身长满红色的小疙瘩，奇痒无比，尤其是晚上躺下睡觉时，身体的瘙痒更严重，让人根本无法入睡，白天更没有精力去干活。最后这人受不了，直接将皮肤都抓破，谁知那抓破的地方就会溃烂，他家里的人谁接触到谁就会感染这种怪病。

一时间部落中人心惶惶，但是又不知道如何预防，于是赶紧去求助村中的族长。族长是位巫医，懂得一些基本的医理知识，听完这事，便叫人把那个生病的人带来。他看到这个人后，没说话，只拿出一根细长的针，对着那人大拇指的指缝处扎下去，接着便挑出了一只透明的小虫子。

说来也怪，取出了小虫子，那人身上就不痒了。他正要向族长表示感谢，却听到族长说："先不要感谢，这事还没完。这只是暂时缓解你的症状，想要彻底治好，还要有草药的配合。"那人忙问怎么办。族长并未回答，反而问他："你最近是不是抓到了什么不该抓的动物？"那人一听，心里发虚，赶紧承认，原来他嫌每天抓的猎物少，便违背族里的规定，偷偷在山上设了陷阱。前几天一只全身长满鳞甲的四脚兽落入陷阱中，他也不管是什么，捉了就回家了。

当天夜里，他就患了这种怪病。族长一听，心中便有数了，命他赶紧放了那四脚兽，并跟着它一起上山。那四脚兽似乎并不怕人，到了山上一处地方，围着一株开着白花的草转了一圈，就消失不见了。族长赶紧命人把那草采下来，煮成药汤，给患病的人洗浴。那些人身上的瘙痒全都缓解了，疙瘩也全都消了下去。

这时才有人想起问族长，这到底是怎么回事。原来那四脚兽是这里的山神，被猎户的陷阱捉住，要降罚给那家人，以示警醒。等人们将山神送回山中，山神自然就会消除灾祸解除疾病，给人们指示出治病的神草。人们一听，恍然大悟，从此开始更加敬畏山神，再也没人滥捕滥杀动物了。

## 39 让食物变得鲜美的草

### 白芷

类别：药草
地域：号山
外形：卵形的叶子，开白花
功效：活血止痛，炖肉时加入还可增加肉的鲜美味道

> 白芷，出自《山海经·西山经》，书中记载："又北百八十里，曰号山，其木多漆、棕，其草多药、蘹（xiāo）、芎䓖。"药、蘹、芎䓖指的是白芷一类的香草。

古时候的号山上生长着一种药草，名叫白芷。这种药草长得有一人高，长着卵形的叶子，开着一簇簇伞形的白花。这草虽然看上去不起眼，但是它埋藏在地下的根却是有用的药材。

白芷根是长圆锥形的，表面呈黄棕色，将白芷的根挖出洗净，切片晾干就成了一味药材，有祛病除湿、活血止痛的功效，还可以用来治疗痈疖肿毒。而且白芷拥有芳香的气味，入口发甜，和肉类食物同煮可以去腥提鲜，增加食物的香气，使肉类吃起来美味可口。

那这样既美味又能治病的药材是如何被人们发现的呢？

原来在号山这个地方有一位医师，他非常崇拜尝百草的神农氏，立志要向神农氏学习，发掘天下的药材，治病救人。

这位医师总喜欢去号山上采挖药材，每次有新的发现都要亲自尝过，来观察药材的药效，找到了许多对人们有用的药材，还发现了很多可以食用的野菜。

一次他独自一人又去山上采药，到了一处他从没到过的地方，

那里野草遍地，其中有一种长得很高大的开着白花的草，引起了他的注意，那是他从没见过的一种植物。他拨开旁边的杂草，挖出了一块黄褐色的根。他把那草根放到鼻子下面闻了闻，居然有一种芳香的气味。凭着医生的直觉，他知道这肯定是好东西，于是就想带回家去细细研究这草根的作用。

谁知他刚想把那草根收起来，却不知道从哪里蹿出来一条蛇，对着他的腿就咬了一口，他一吃痛，手里的草根一下子掉落。本以为那蛇会继续攻击，但是它似乎嗅到了什么无法忍受的味道，转过头就快速爬走了。

那医师来不及多想，赶紧用手挤出蛇毒，但是他知道，如果没有解毒的草药，自己肯定没救了。这时他突然想到，那蛇一靠近这草根马上就逃走了，莫非这草根有什么神奇之处？现在只能试一试了。他拿起那草根就咀嚼起来。没想到他吃了那草根后，伤口处流出了一些黑黄水，伤口也不疼了。他又在原地休息了半天，也没见毒发，这时他明白是这药草起了作用，这真是一株救命的药草啊！虽然被蛇咬了，但是他还是非常高兴发现了这么有用的药草。

他又挖了一些这药草的根，然后回家后将它们切片晒干保存起来。这草根有能令人止步的香气，切开后表面洁白，因此这种既能当香料又能当药材的草根就被叫作白芷了。

##  能让人智慧增长的树
### 圣木曼兑

类别：神树
地域：昆仑山
外形：高大挺拔，树叶间点缀白花，结白色果实
功效：使人聪慧

> 圣木曼兑，出自《山海经·海内西经》，书中记载："开明北有视肉、珠树、文玉树、玗（yú）琪树、不死树。凤皇、鸾鸟皆戴瞂（fá）。又有离朱、木禾、柏树、甘水、圣木曼兑，一曰挺木牙交。"

大地西北方有一座神山，名叫昆仑山。昆仑山中有许多神兽和神鸟，还有很多神奇的树木，其中一种树名叫圣木曼兑，传说是一种可

以让人增长智慧的树。

圣木曼兑长得高大挺拔,树干笔直,树顶像伞盖一样,树叶间点缀着白色的花朵,花谢以后就会结出白色的果实,吃下圣木曼兑的果实人就可以变得聪慧。只是得到果实并不是容易的事,因为圣木曼兑的树干上长满了坚硬的尖刺,让人无法靠近,更别说爬上去摘果子了。

圣木曼兑为什么会结出这样神奇的果子呢?

相传昆仑山是西王母居住的神山,山中有瑶池,是西王母邀请众神聚会的地点。

一年,众神又来到瑶池聚会,西王母拿出珍藏的玉液琼浆来招待众神。众位神仙聚在一起谈经论道,十分高兴,不知不觉就都喝多了。等聚会结束,众神都散去,西王母也准备返回宫中。

西王母也喝多了,刚一站起来身子便摇摇晃晃,站立不稳,一旁的青鸟连忙搀扶住西王母准备走向銮驾,回宫殿中休息。谁知刚才的摇晃使西王母头上戴着的一支金簪从头发中间滑落,掉到了山中,眨

眼就不见了。青鸟准备下山去搜寻，西王母说罢了，这是天意，不用再去寻找，便起驾回宫了。

那金簪掉落到地上，插进土里，竟慢慢长成了一株高大的树木。树上结出的果子十分美味，吸引了山中许多的飞鸟野兽前来觅食。那些动物吃完果实居然都拥有了不同一般的神力，变成了神兽。

有人听说了昆仑山有棵神树，动物吃了都能拥有智慧和神力，心想，如果我能吃到那树上的果子，岂不就成了最有智慧的人？于是便动身上昆仑山去寻找那棵树。他费了九牛二虎之力终于来到昆仑山，找到了那棵树。他心想自己费了这么大劲，只摘一个果子也太亏了，如果把整棵树都挖走，种到自己家中，那岂不是就有了吃不完的神果吗？想到这里，他开始为自己的聪明扬扬得意，二话不说就开始动手挖这棵树。

这时在宫殿中休息的西王母感受到了震动，向下一看，原来是有人想来挖走神树。西王母觉得这人太贪婪了，便使出法术，那树上顿时长出了数不清的尖刺。那人根本无从下手，这下不光带不走神树，连一颗果子也摘不到了。他非常后悔，但是也没有办法，只能下山去了。

那棵神树就是圣木曼兑，为了避免以后再有人贪心，西王母就一直让它长满尖刺，再没有人能摘到那上面的果实了。

## 41 三头人的值班岗亭

### 服常树

类别：神树
地域：昆仑山
外形：粗壮繁茂
功效：可以遮风挡雨

> 服常树，出自《山海经·海内西经》，书中记载："服常树，其上有三头人，伺琅玕（láng gān）树。"

相传在古代有一棵神树，名叫服常树，生长在昆仑山附近。服常树长得非常繁茂高大，树干十分粗壮，五六个人都合抱不过来，树冠巨大，覆盖了方圆几里地。

在服常树上居住着一位神人，名叫离朱。据说离朱长有三个脑袋，六只眼睛，而且视力非常好，能看清百步之外的一个针尖大小的东西。正是因为离朱的这个能力，所以他平时比较骄傲，有点看不起其他人，不喜欢与人打交道，所以就自己来到了昆仑山的服常树上居住，过着无拘无束的生活。

有一天，离朱正惬意地躺在服常树上休憩，这时天空中降下一位使者，那人来到离朱面前，先是施了一礼，然后说道："我乃黄帝的使者，奉黄帝旨意来请离朱大人。"离朱一听是黄帝的旨意，忙问是什么事，那使者便说道："前几日黄帝经过赤水，不慎将一颗玄珠遗失，之前已经请诸大人帮忙寻找，可是一无所获，黄帝知道离朱大人眼睛明亮异常，所以特地派小人来请离朱大人帮忙寻找玄珠。"

离朱明白了使者的来意，心想：那玄珠既然是黄帝的宝物，肯

定是璀璨非凡，我又能明察秋毫，找玄珠肯定是不费吹灰之力，这次肯定能手到擒来，等到我替黄帝找到玄珠，肯定又会引来其他人的羡慕。于是他便没有多问，满口答应下来。

那使者对着离朱又施了一礼，便去向黄帝回复了。

离朱非常自信，直接就来到了赤水边上。这赤水浩浩荡荡，一眼望不到边，非常壮观，离朱感觉到寻找的困难，但是他不想放弃，于是便开始从赤水的一头寻找起来。离朱一刻也没歇息，找了三天三夜，又累又困，但还是一无所获。他感觉十分懊恼，心里想着：不应该啊，我把赤水都找遍了，怎么就是不见玄珠呢？这时，那位使者又出现了，看到离朱也没找到，便回去向黄帝禀报。

离朱闷闷不乐地回到服常树上，他想连自己这个眼睛如此明亮的神都找不到，那恐怕就没人能够找得到了，这玄珠注定要遗落人间了。哪知过了几天就传来消息，说是另一位神人象罔找到了玄珠。离朱这下更不相信了，因为那个象罔是出名的粗心，他怎么会找到玄珠呢？他仔细一打听才知道，那象罔接到黄帝的任务后，先不着急去寻找，反而是找黄帝身边的人仔细询问丢玄珠那天发生的事情，知道了那天黄帝曾在赤水边上一棵树下休息过，于是象罔便直接去了那棵树下，在草丛中找到了玄珠。

离朱这才知道自己差在哪里，便请求黄帝降罪，主动申请长久住在服常树上，并利用自己视力好的优势，日夜守护琅玕树。

## 42 三头人看管的树
### 琅玕树

类别：神树
地域：昆仑山
外形：长满玉石一样的果子
功效：延年益寿

> 琅玕树，出自《山海经·海内西经》，书中记载："服常树，其上有三头人，伺琅玕树。"

琅玕树是传说中的一棵神树，长着笔直翠绿的树干，茂盛的枝叶，最奇特的是树上结满了玉石一样的果子，那些果子看起来晶莹剔透，在树叶的掩映下闪烁出亮晶晶的光芒。

在琅玕树不远的服常树上，有一个三头神人，他常常站在服常树上观望琅玕树，他就是琅玕树的守护者离朱。

琅玕树为什么需要守护呢？就是因为它结出的果实十分珍贵，是神鸟凤凰最喜欢的食物。而且，这果实具有神奇的作用，据说普通人吃了可以延年益寿，如果是动物吃了，则力量大增，甚至化为神兽。

离朱奉命守护琅玕树十分尽心，他为琅玕树疏松土壤，并寻来瑶池之水进行浇灌，每天早晚都要检查琅玕树的情况，数数琅玕树上的果实是否都在。琅玕树在离朱的照顾下长得更加茂盛，果子越发透亮，还散发出迷人的香气。

眼看着凤凰前来觅食的时候到了，凤凰吃了这琅玕树果实便可以浴火涅槃，因此离朱更加用心对待琅玕树，生怕琅玕树出了什么差池，耽误了凤凰的涅槃大事。

但是琅玕树的果实还是吸引来了其他动物。一次离朱去瑶池为琅玕树打水，回来后就发现琅玕树果子七零八落地挂在树枝上，原来是有人趁离朱不在，来偷琅玕树的果实。

离朱看着被破坏的琅玕树，十分心疼，而且果实被偷，凤凰来了以后就没有食物了，于是离朱决定赶快找到小偷，拿回琅玕果实。他的三颗头面向三个方向，六只眼睛全都全神贯注地观察着周围，终于被他发现一些蛛丝马迹。在琅玕树往南的方向有一颗遗落下来的琅玕果实，他马上过去查看，在果实附近查找，发现了一个隐秘的洞穴。

他扒开洞口的杂草，一只体形硕大的老鼠蹿了出来，离朱追上老鼠，把它抓住，接着挖开洞穴，发现了被偷的琅玕树果实。

果实虽然被找回来，但是树遭到毁坏，很多枝条断了，而且摘下的果实很快就会烂掉，还是没办法给凤凰吃。正在这时候，空中传来了凤凰的鸣叫声，凤凰马上就要到来了。离朱更加焦急，正不知怎么办的时候，发现沾到了瑶池水的琅玕树枝竟然重新恢复了生机。离朱马上把所有的水都洒到琅玕树上，只见果子重新长回原位，断裂的枝条也恢复原状。这时凤凰也来了，吃到了琅玕果，鸣叫着向离朱表达了谢意。

后来黄帝听说了这件事，要对离朱进行嘉奖，让他到天上去做神仙，却被离朱拒绝了，他依旧选择了守护琅玕树。

##  能炼制神药的树

类别：神树
地域：大荒南部的云雨山
外形：黄色的树干，红色的树枝，绿色的叶子
功效：能治百病

> 栾树，出自《山海经·大荒南经》，书中记载："大荒之中，有山名朽（xiǔ）涂之山，青水穷焉。有云雨之山，有木名曰栾。禹攻云雨，有赤石焉生栾，黄本，赤枝，青叶，群帝焉取药。"

上古时候，在遥远的大荒南部有一座山名叫云雨山，云雨山中生长着一种树，它有黄色的树干、红色的树枝、绿色的叶子，这种树名叫栾树。传说栾树乃是神树，可以炼制出神奇的丹药。

相传大禹治水的时候，来到了大荒南部，这里气候潮湿闷热，蚊虫肆虐，大禹的许多部下都因为不适应环境而病倒了。这可急坏了大禹，但是他也没见过这种病症，不知道怎么医治，大禹为此寝食难安。

一天夜晚，大禹又想起属下生病的事情，便独自一人来到青水边散心。正在愁眉不展时，他忽然发现前面一座山中发出了五彩的光芒，一会儿光芒从山中的树林中升起。大禹隐约看到光芒中有仙人的模样，手中拿着几根树枝，那树枝是红色的，上面长着绿色的叶子，只一瞬，那仙人便向着天上飞去，消失不见。

大禹心想那必然是天上的神人下凡，既然仙人都来此寻找这种枝条，那证明长着这种树枝的树木肯定是神树，既然是神树，那肯定就有神奇的作用，找到了神树，说不定就能治疗属下的怪病。

　　想到这里，大禹觉得有了希望，他一刻也不敢耽搁，不等天亮就向着见到光芒的那座山进发了。一路上大禹披荆斩棘，到天亮时，他到达了山顶。大禹站在山顶上四下观望，真的让他发现了一种神奇的树。只见在一块巨大的红色石头上长出了两株一模一样的树，这树有着黄色的树干、红色的树枝和绿色的叶子，和大禹见到的神人手中拿的树枝十分相似。大禹赶紧跑到那树下面，他先对着树拜了一拜，然后说道："我知道您是神树，我的部下如今都深受疾病的折磨，希望神树能够赐予治愈疾病的药材。"说来也怪，听到大禹的请求，那两棵树便随风摆动起来，然后树上脱落了两根长长的枝条，落到了大禹手中。大禹知道这就是神树赐予的药材，便又朝着那树拜了一拜，然后拿着树枝下山去了。

　　大禹将那树枝煎成药水，那些生病的人服用了之后身体都痊愈了。他们十分感谢那棵神树，因为那树是两棵生长在一起，就像是双生子一样，于是便把这神树叫作栾树。

#  能结出珍珠的树
## 珠树（三珠树）

类别：神树
地域：南方厌火国的北部
外形：像柏树一样，结出的果子是珍珠
功效：使人神清气爽，草木茂盛

> 三珠树，出自《山海经·海外南经》，书中记载："三珠树在厌火北，生赤水上，其为树如柏，叶皆为珠。一曰其为树若彗。"

相传在古代南方大地的赤水边上，生长着一种神树。那树外形是圆锥形，有点像柏树，非常神奇的是，这树能够结出珍珠。

相传黄帝巡游天下的时候，得到一颗又大又黑的珍珠，名叫玄珠。那玄珠来自鲛人族，乃是鲛人族献给黄帝的宝贝。

鲛人族是生活在深海的种族，他们长着人的身子和鱼的尾巴，他们的尾巴可以孕育出一种宝珠，就是鲛人珠。鲛人珠孕育的时间越长，光泽越美丽，而且具有使人青春永驻的力量。鲛人珠一般是白色的，这玄珠乃是百年难得一见的黑色鲛人珠，因此更加珍贵。

这玄珠不仅美丽异常，而且还是一个宝物。佩戴玄珠的人可以神清气爽，身体康健。玄珠还可使草木起死回生，将玄珠放在哪里，哪里的草木便会异常茂盛。

黄帝得到这玄珠之后，十分喜爱，便将玄珠随身携带，并准备回到宫中送给自己的妻子嫘祖。这一天，黄帝路过赤水，在赤水边上歇息，却不慎将玄珠掉落。当时黄帝并没有发觉，直到回到宫中，想要拿出玄珠交给嫘祖时，才发现玄珠不见了。

黄帝十分着急，于是派了众多神人前去搜寻玄珠的下落。

其实玄珠是黄帝在赤水边休息时掉落在了草丛中，那玄珠落地的时候正好砸到了一棵小树苗上。玄珠本身具有神奇的能力，那棵被砸伤的小树苗依偎着玄珠，借助玄珠的能力，很快就复原了，并且生长速度非常快，几天时间就长得很高，而且枝繁叶茂，翠绿欲滴。这时的小树再也不是一棵普通的树苗，而已经成为一棵具有神力的神树了。

最后黄帝派出的神人象罔终于找到了玄珠，这时这棵树苗都已经长成一棵大树了。玄珠被象罔取走，回去交给了黄帝。那棵树苗十分感念玄珠给它的滋养，便将所有的叶子化作珍珠的模样用来怀念玄珠，这棵树也就被叫作三珠树了。

## 45 能产玉石的树

类别：神树
地域：昆仑山
外形：高大，枝繁叶茂
功效：使人容颜永驻

> 文玉树，出自《山海经·海内西经》，书中记载："开明北有视肉、珠树、文玉树、玗琪树、不死树。"

相传昆仑山是一座神仙居住的山，山中有许多神兽和神奇树木，其中有一棵文玉树，长着碧绿的树干、碧绿的树叶，树上不结果子，反而结满了五彩的玉石。

那这文玉树是怎么来的呢？

传说昆仑山中居住着神仙西王母，西王母由三只青鸟专门侍奉，山上有开明兽，为西王母看守昆仑山。

一次三只青鸟到生产玉石的蔓渠山去，想要采集那里的玉石送给西王母。到了那里它们发现了很多五彩缤纷、十分美丽的玉石。它们采来竹子，编织成竹筐，将那些它们认为最漂亮的玉石装进竹筐里，然后用嘴叼着竹筐，飞回昆仑山。

就在到达昆仑山北面的时候，忽然不知道从什么地方飞出了一只大鸟，那大鸟冲着三只青鸟就扑了过去，三只青鸟嘴中叼着竹筐无法鸣叫，只能左挪右闪地躲避着大鸟。那大鸟看准了其中一只青鸟猛地扑过去，那只青鸟躲闪不及，口中叼着的竹筐也一下子掉落，里面的玉石哗啦啦地都撒在了昆仑山中消失不见了。

这时这只青鸟赶忙开始鸣叫,看守昆仑山的开明兽听到了叫声,便赶过来,将那只大鸟驱赶了出去。虽然大鸟被赶跑,但是这只青鸟的玉石却寻不回来了,另外两只青鸟因为躲避攻击,筐中的玉石也撒了一大半,它们非常伤心,觉得自己没法向王母交代。

正在这时,西王母来到了它们的面前,问清楚事情的经过之后,哈哈一笑说:"难为你们了,不如我们就在这山中种上一棵玉石之树,以后就不要去那么远的地方采集玉石了。"说着西王母施展法术,地上玉石坠落的地方便长出了一棵有碧绿树干、挂满五彩玉石的树,这棵能结玉石的神树便是文玉树。

## 46 太阳洗澡的地方
### 扶桑树

类别：神树
地域：东部的大海中
外形：高大无比，一共有十条树枝，叶子像桑树的叶子
功效：太阳休息的地方

> 扶桑树，出自《山海经·海外东经》，书中记载："下有汤谷。汤谷上有扶桑，十日所浴，在黑齿北。居水中，有大木，九日居下枝，一日居上枝。"

在很久以前，东边大海以外的地方，生长着一种神木，这种神木高达千丈（3000多米），粗壮无比，树上生有十条树枝，一条树枝高高在上，九条树枝在下，树枝上长着和桑树叶很像的叶子，这棵神木被称为扶桑树，传说是太阳栖息的地方。

相传那时候太阳有十个，他们是十兄弟，女神羲和是太阳的母亲，天帝帝俊是太阳的父亲。这十个太阳轮流上天工作，为大地带来温暖和光明，地上万物才能生长，人类和百兽才能繁衍。

每天早上，羲和驾着两条龙驾的车辇，站在最高的树枝上，带着一个太阳飞向空中，这时候大地上就能看到日出东方，大地一片光亮，新的一天开始。等羲和和太阳在空中走了半圈，从西边落下，这时候就是日落西山，一天就结束了。

这时候羲和与太阳就回到扶桑树那里沐浴休息。扶桑树下有一个地方名为汤谷，汤谷的水清澈凉爽，是太阳洗澡的地方。每天羲和与其中一个太阳回到扶桑树，工作了一天的太阳就会到汤谷去沐浴，洗掉一天的疲惫。

　　日复一日，年复一年，羲和与太阳总是这样规律地工作，太阳也每天升起和落下，世间有了白天和黑夜，有了春夏和秋冬，人们过着日出而作、日落而息的生活。人们感恩太阳带来的光明和收获，因此人们开始崇拜太阳神。

　　十个太阳觉得这都是自己的功劳，都想要获得人们更多的赞美，它们发生了争执，都想让人们见识它们的威力，把功劳归于自己。于是，它们谁也不让谁，同时出现在了天上，这时候天上就有了十个太阳。那是怎样的一幅场景啊，十个太阳把大地烤得干裂，草木枯死，人们只能躲在洞穴中。人们再也不像以前一样崇拜太阳，而是开始咒骂太阳。

　　这时，太阳的父亲帝俊知道太阳们闯了大祸，便想要教训他们。他找到了神箭手后羿，给了他神弓、神箭。后羿张弓射箭，一下子射下来九个太阳，天上从此只有一个太阳了。

## 47 可以治疗耳聋的树 —— 文茎

类别：神树
地域：符禺山
外形：结像枣子一样的果实
功效：治疗耳聋

《山海经·西山经》载："又西八十里，曰符禺之山，其阳多铜，其阴多铁。其上有木焉，名曰文茎，其实如枣，可以已聋。"

文茎是传说中的一种神树,它长在西山山系中的符禺山上,结着像枣子一样的果实,人吃了就能够治好耳聋病。有人根据文茎的外形和药效,推测其与如今生长在非洲地区的枣椰树大概是同一类别。

　　上古时期,文茎是一种在深山老林中极为繁多的树木,但由于生长之地远离人们的生活场所,所以并没有多少人知道它。

　　相传,燧人氏风允婼(ruò)少年时曾到处游历,去过符禺山一带。在那里,风允婼居住在一位老人的家中,这位老人没有子女,独身一人,因而对风允婼的到来十分欢喜,将之像自己的孩子一样对待。

　　风允婼感恩老人的情义,一直想要做点什么报答老人家。有一次,风允婼在外面无意间听到别人说起奇草神树的传说,说符禺山上有一种神树,它的果实可以治疗耳聋,奈何山高路陡,山中凶险异

常，所以并没有人见过。风允婼听到后非常兴奋，他知道收留他的老人患有严重的耳聋症，打算到符禺山上找那传说中的神树。

第二天，风允婼天不亮就悄悄地出发了，行了不多时便进到了符禺山。山中果然如人们所说的那样，小路崎岖，毒虫遍布，还有久久无法消散的瘴气。风允婼只好用树叶将自己裹得严严实实的，又用衣服捂紧口鼻，走两步退一步地艰难攀爬着。可找寻了很久，风允婼也没看到人们口中说的那种神树，他就有点泄气了。正在这时，风允婼突然听到了一阵阵清脆的鸟叫。他抬头四处望了望，发现就在右边不远处有一棵异常高大的树，上面落满了形形色色的鸟儿，有的羽毛如扇，有的色彩如虹，那情景真是美极了。风允婼愣了一会儿，马上打起了精神向那树跑去。

到了近处，他才发现，鸟儿们是站在一颗颗晶莹剔透的红果之上，那果子在太阳的映照下闪耀着星星点点的光芒，如一颗颗宝石一般。风允婼心想这必定就是那神树，就迅速爬到树上摘下了一些果实和枝叶，带着下山去了。

后来，老人吃了果子，喝了枝叶挤出的汁液，耳聋病果真好了起来。风允婼也就放心地和老人告了别，重新踏上了他的游历之旅。

## 48 能让人不犯糊涂的树 蒙木

类别：神树
地域：放皋山
外形：像槐树，开黄色的花朵，不结果实
功效：令人耳清目明，神清气爽

> 《山海经·中山经》载："又东五十二里，曰放皋之山，明水出焉，南流注于伊水，其中多苍玉。有木焉，其叶如槐，黄华而不实，其名曰蒙木，服之不惑。"

蒙木是一种古老的树木，很久以前，它生长在草木葱茏的放皋山上。它的叶子有的似针，有的呈椭圆状，开着嫩黄色的花朵，却不结果实。传说，蒙木的枝叶有让人眼明心净、不被轻易迷惑的神奇作用。

《史记·五帝本纪》记载："黄帝居轩辕之丘，而娶于西陵之女，是为嫘祖。嫘祖为黄帝正妃，生二子，其后皆有天下：其一曰玄嚣，是为青阳，青阳降居江水；其二曰昌意，降居若水。昌意娶蜀山氏女，曰昌仆，生高阳，高阳有圣德焉。黄帝崩，葬桥山。其孙昌意之子高阳立，是为帝颛顼也。"

传说，颛顼当上部落首领后，兢兢业业，一心为百姓们着想，严格遵循轩辕黄帝的政策，使得天下太平，百姓安居乐业。

直到有一年，也不知是因为太过辛劳还是害了什么怪病，正值壮年的颛顼突然变得神志不清起来，整天昏昏沉沉的样子，对于部落里的大事也不能给出建议或决策。颛顼的这般模样让众人都慌了神，也使得部落秩序混乱了起来。

当时,被黄帝征服的九黎族仍信奉巫教,杂拜鬼神,他们认为首领是被鬼魂附了体才会变成这样,就提议在颛顼的寝宫大兴祭祀之事。原本大多数百姓在颛顼的倡导下已经对巫教失去了信仰之心,而服从于黄帝族的教化,但眼下这样的情形又使得人们开始动摇,偏向于相信九黎族所说的缘由,也都对祭祀之事不再反对。

眼看着首领当初极力反对的事情马上又要发生,颛顼手下的一个忠臣急得团团转,但究竟该怎么挽回,他半点思路也没有。当天晚上,这位大臣做了一个梦,梦中一个孩童模样却白须曳地的人告诉他,颛顼是患了"癔(yì)症",被一种毒药控制了思想,并非鬼神作怪,要解此毒,可到放皋山找一种开黄花的蒙木,取其枝叶服用。

大臣醒后,知是高人指点,便快马加鞭赶到了放皋山,取回了蒙木叶,回来后马上给颛顼服了下去。一片叶子下肚,颛顼瞬间就清醒了过来。了解了当下的情形后,颛顼大怒,命人将起头喧闹的九黎族人抓了起来。之后,颛顼向百姓们解释了自己害病的真相是有九黎族的人给自己下毒,并在此后对巫教进行了严厉禁绝。

##  49 能治疗忧郁症的草药

### 植楮（chǔ）

类别：草药
地域：中原脱扈山
外形：叶子形状像葵菜的叶子，开红花，结荚果
功效：治疗忧郁症，驱除噩梦

植楮，出自《山海经·中山经》，书中记载："又东七十里，曰脱扈（hù）之山，有草焉，其状如葵叶而赤华，荚实，实如棕荚，名曰植楮，可以已癙，食之不眯。"癙，意思是忧郁症；眯的意思是噩梦。

上古时期的中原地区有座脱扈山，山上生长着一种草药，名叫植楮。这种草的叶子形状像葵菜的叶子，开红色的花朵，结带荚的果实，果实的荚和棕树的荚差不多。吃了这种草结出的果实可以使人失去忧愁烦恼，变得神清气爽，夜晚的睡眠也好，而且不会做噩梦。

生活在这个地区的人们以农耕为主，他们种植粮食作物，春种秋收，最大的愿望就是风调雨顺，有个好收成。但是天气却不是人能掌控的，有的时候会干旱，有的时候又会发洪水，时不时还会有野兽来袭击。

在这样的环境中，有一个人就开始每天变得忧心忡忡，他总是担心自己的庄稼。雨季到来时，他担心会洪水泛滥淹了田地；到收获的季节，他又担心有野兽冲出来糟蹋粮食。他每天生活在担忧之中，心情郁闷，晚上也睡不好，总梦到天塌地陷，然后就会惊醒。

这样一天天下去，他变得越来越没有精神，觉得活着太辛苦了，

一旦有天灾发生，人们什么都做不了，他开始变得忧郁。他不愿意和其他人沟通，便独自一个人来到脱扈山，对着树木、小鸟倾诉。

一次他又来到山中，见到一只松鼠正在吃一株草上结出的种荚。只见这松鼠吃完以后不一会儿就开始变得活泼起来，甚至不怕他，来到他的身边。他觉得挺好玩，便拿了根树枝逗它。

不一会儿，又来了一只小鸟，那鸟儿也去啄食那草结出的种荚。小鸟吃了以后，开始围着他叽叽喳喳地唱歌。

这时他才觉出神奇，这草莫非有什么能让人变得开心的神奇作用？出于好奇，他便摘了那草的种子吃了下去，登时觉得自己眼前一亮，心中的忧愁好像一下子被风吹走了一样。他突然想明白了很多事，他想到了自己之前那些忧虑，觉得很可笑，以前的自己心胸太不宽广了，那些天灾不能避免，不知道何时到来，天天担心不仅什么也改变不了，还会让自己错过美好的生活，所以珍惜现在，和大家一起愉快地生活才是最重要的。

想明白了这些，他再也不为那些没发生的事情担心了，高高兴兴地下山去了。

## 50 能让力气变大的树

### 櫰（guī）木

类别：果树

地域：西方中曲山

外形：像棠梨树，长着圆圆的叶子，结红色的像木瓜一样的果实

功效：使人力气变大

> 櫰木，出自《山海经·西山经》，书中记载："又西三百里，曰中曲之山……有木焉，其状如棠，而员叶赤实，实大如木瓜，名曰櫰木，食之多力。"

相传很久以前，西方大地上有座中曲山，山里有种树木，这种树样子长得像棠梨，叶子是圆的，开白色的花朵，结红色的像木瓜一样的果实，这树的名字叫櫰木。据说吃了櫰木的果实，能使人增添力气。

中曲山中有很多凶猛的野兽，其中有一种野兽名叫穷奇。穷奇长得像牛，声音像狗叫，长着血盆大口，嘴里有尖尖的牙齿，凶猛异常。这种野兽常常袭击进山的人，有时甚至会下山吃人。

生活在这里的人们都十分惧怕穷奇，但是又没法将它怎么样，因为穷奇天生神力，人们根本打不过它。

一次，一个猎户上山去打猎，等了好几天都不见人回来。后来有人结伴去寻找这个猎人，只在山上发现那猎人被撕破的衣服。大家知道猎人是被穷奇吃掉了，都十分沮丧地回来了。那猎户家中只剩下了他的妻子和一个未成年的孩子没人照顾，十分可怜。大家都安慰了一下那对母子，然后各自回家了。

那猎户的孩子却在心中默默发誓，一定要赶走这个怪兽，为父亲报仇，也避免更多的人被吃掉。于是他便去请教族中最年长的人，他想知道有没有什么办法能让人变得强大，能够和穷奇对抗。

族中的老者告诉这个孩子，那中曲山中长有一种果树，名叫櫰木，据传说是当初的创世神盘古的一根头发所化，那树上结着又大又红的果子，据说吃了那果子的人就能得到盘古那无穷的力量，能赶跑任何的怪兽。只是那果树长在深山之中，这山上又有穷奇，因此没人找到过。

那孩子听到老人这样说，知道找到櫰木，吃下果实，获得神力，才是打败穷奇的唯一办法。所以他决定上山去找櫰木。他背上石斧，告别了母亲，带着族人的期盼进了深山。一路上他始终点着火把，晚上在树上睡觉，看见穷奇的脚印就躲着走。走了三天三夜，走到了山林的深处，他忽然闻到一种香甜的味道。他循着味道找过去，发现了一棵结着果子的树木。那树长得十分高大，果子又大又红，散发着香甜的味道，想必这就是老人所说的櫰木了。

那孩子高兴极了，连忙上去摘了果实大口大口吃起来。吃完那果实，他感觉自己充满了力量，他挥动石斧，一下

子就能把一棵大树给砍倒。于是他有了信心，循着脚印找到了穷奇的洞穴，把穷奇打得无处躲藏。穷奇害怕了，逃离了这座山，一直向西逃去，再也不敢回来了。

## 51 大荒原上的奇树

类别：果树
地域：大荒南部的盖犹山
外形：长着红色的枝干和黄色的叶子
功效：可以果腹充饥

> 甘华，在《山海经》中有多处记载，比如《山海经·大荒南经》中写道："有盖犹之山者……东又有甘华，枝干皆赤，黄叶。""有南类之山。爰有遗玉、青马、三骓、视肉、甘华，百谷所在。"《山海经·大荒西经》中记载："有西王母之山、壑山、海山。……爰有甘华、甘柤……白丹、青丹，多银、铁。"

在古时候的大平原上，分布着一种常见的果树——甘华。这种果树有红色的枝干，长着黄色的叶子，一年四季都会挂着红彤彤的果实，十分神奇。而且甘华果十分清甜可口，吃过的人都会喜欢。

甘华树不论在什么环境中都能很好地生长，很多的族群和动物都会采摘甘华果当作食物。在缺少食物的时代，甘华果可是人们的救命果呢，所以传说甘华果是天上的神仙赐予人们的神奇果。

古时候，有位部落首领名叫颛顼，他仁爱宽厚，部落的人都爱戴他，他将自己的部族治理得兴旺繁荣。另一个部落有位首领名叫共工，生得人首蛇身，能够掌控洪水，但是性格却狂躁偏激。他想要占领颛顼部落，便发动战争，结果被颛顼打败逃走了。颛顼便收服了共工的部落，统一了大片土地。

颛顼死后升天做了北方的天帝，北方的大片土地都归颛顼治理，他埋葬的地方在大平原上三棵大桑树的东面。这个地方生活的族群崇敬颛顼，因此常常到颛顼墓前祭拜。颛顼也很关心地上生活的族群，常常帮助人们排忧解难。

有一年，北方的大地天灾频繁，先是洪水泛滥，冲毁农田，等洪水退去后，地里的庄稼都被毁了，人们缺吃少穿，过得十分艰难。人们便到颛顼的墓前祭拜，祈求颛顼解救他们于苦难之中。

颛顼听到了人们的祈祷，便决定帮助人们。首先要解决的是食物问题。颛顼抓了一把红玛瑙向地上撒去，玛瑙落地的地方便长出了一棵棵果树，那树上挂满了圆溜溜、红艳艳的果子。人们看到那果树和果实，知道是颛顼听到了他们的祈祷，赐予他们的食物，因此竞相采食。因为这果实甘甜可口，人们便叫它甘华。

颛顼帮助人们解决了食物问题，但他觉得这洪水来得奇怪，他想到共工能够掌控洪水，于是便命人调查，果然发现这次的洪水泛滥是共工在捣乱，可是派去的人并没有抓住共工，不知道他逃到哪里去了。为了防止共工再回来发动洪水，颛顼就把那些果树留在了地上，以备人们的不时之需。

## 52 像石头一样坚硬的竹子

### 竹箭

类别：神树
地域：泰头山、翠山、蔓渠山等
外形：树干笔直，叶子翠绿
功效：可以帮助寻找宝藏

竹箭，在《山海经》中有多处记载，比如《山海经·北山经》中写道："又东三百七十里，曰泰头之山，共水出焉，南注于虖池。其上多金玉，其下多竹箭。"《山海经·西山经》中记载："又西二百里，曰翠山，其上多棕枏，其下多竹箭，其阳多黄金、玉……"《山海经·中山经》中记载："又西二百里，曰蔓渠之山，其上多金玉，其下多竹箭。"

相传，古代很多的大山上都长着一种植物——竹箭。竹箭是竹子的一种，树干笔直，有翠绿的主干和枝叶。竹箭材质坚硬，不易变形，很适合用来做射击用的箭，也可以用来做旗杆、笔杆或者编织成篮筐。

除此之外，最早的时候竹箭还是宝藏的标志，为什么这么说呢？因为在竹箭生长的地方，就一定会有金子和玉石。

相传古时候有一种神兽，名叫貔貅（pí xiū）。这貔貅有一个奇怪的习惯，就是吃东西只吃金银珠宝。貔貅因为这个特点被天帝所喜爱，因此就被留在了天宫中。这貔貅身形巨大，胃口也大，每天都要吃大堆的财宝，长此以往，即便是拥有数不尽的财宝的天宫，也快要被貔貅给吃空了。

掌管宝库的小仙眼看天宫中的财宝都要被貔貅吃完了，于是向天帝报告了此事，天帝也没想到貔貅居然有这么大的食量，看来得想办法给貔貅找来更多的财宝供它食用了。于是天帝便给了小仙一个令牌，让他去到地上找寻蕴含金玉财宝的山川，找到后便用令牌在那里做个标记，以后就可以去那里挖取财宝了。

小仙接过令牌仔细看了看，那令牌是碧玉做成的，晶莹剔透，但是只有一个，那小仙心里有点疑惑，心想：只有一个令牌怎么够用呢？天帝仿佛看透了他的心思，便说道："你若找到宝藏，便把这令牌插到那里的土地上，到时自然就会明白了。"

小仙接了天帝的旨意便去到了人间，他踏遍了许多的山川，在泰头山、竹山、翠山、蔓渠山等许多地方都发现了黄金和玉石的矿藏。每发现一处，他便将那令牌插入土中，作为标记。说来也神奇，那令牌一插到土里，地下便钻出数棵像令牌一样翠绿挺直的植物，这便是竹箭了，而且那竹箭越长越高，很快长成一片竹林。

小仙这才明白了天帝的话，于是高高兴兴地去找下一个有宝藏的地方了。

小仙完成了使命，回到天上复命。此后，一旦宝库中的宝藏短缺，他便到地上有竹箭标记的地方去采挖黄金玉石。有一次，那小仙来取金玉时被一个上山砍柴的人看见了，那人心想这下发财了，于是等小仙走后，他也去挖，居然真的挖出了金子。他抱着金子回到家，告诉他的族人山上有黄金玉石，让大家都去采挖。

小仙再一次来到这座山上时，发现有人采挖的痕迹，他知道这事情被人知晓了。为了不泄露天机，他便施展法术将这里的黄金玉石都转移到其他地方。而且为了以防万一，他还将其他做过标记的山中的宝藏也都转移了。这以后，竹箭就不是宝藏的标志了，人们再也不知道哪些山中有宝藏了。

## 53 可以解百毒的草

类别：药草
地域：鼓钟山
外形：方形的草茎，黄色花朵，圆形的叶子
功效：可以解毒

> 《山海经·中山经》记载："（鼓钟之山）有草焉，方茎而黄华，员叶而三成，其名曰䔄酸，可以为毒。"

古代有一座高山，名叫鼓钟山，相传那里是神仙聚会演奏的地方。每当有重要节日时，天帝就会宴请诸位天神到那里相聚，极尽钟鼓之乐。鼓钟山上有一种可以解世间百毒的草，据说也是源于这样的宴会才得以出现在此。

相传，有一年中秋节时，天帝心情大好，就召集众仙一起下凡来到风景秀丽的鼓钟山游玩。有了天帝的特许，大家都玩得十分随性，有的弹琴，有的鼓瑟，有的唱歌，有的翩翩起舞。过了一会儿，天帝见大家都有些倦意了，就命人摆好点心水果，邀众仙一起坐下来

休息。

不知道是太累还是吃错了东西,西王母突然哀叫一声倒在了地上。众仙一看,都吓得惊慌失措,还是天帝临危不乱,让大家冷静下来,然后命医官上前察看西王母的病情。

医官看诊完毕,就拿出随身携带的数种珍贵药材,悉数混合在一起,化成了一小瓶药水,差人给西王母服下。

西王母刚喝了几口,脸色就有了好转,待全部喝完后,就苏醒了过来,完全没有了病痛的样子。众仙见西王母好了,又都重新开始吃喝玩乐起来,仿佛刚才的事情没有发生过一样。

不过,众仙没有注意到的是,西王母在喝那药水时,不小心漏了一滴掉在了鼓钟山的土地上,后来,那滴药所在的地方就长出了一

株草,这草被人间称为"焉酸"。再之后,有人无意中了解到了焉酸的药效,发现它能解各种毒,于是后来焉酸就被供奉为能解百毒的神药。

依据《山海经》中描绘的外形,焉酸在现实中似乎并不存在,不过根据其解毒的药效,现实中可以找到类似的草药。

在我国广袤的山林和农村大地生长的众多野草中,有一种草样子很特别,虽然不开花,但叶子的形状像羽毛一样,非常漂亮,能让人过目不忘,这种草叫作乌蕨(jué),它是非常厉害的草药,在解毒方面有奇效,以至于很多了解它的人都把它当作宝贝,在民间甚至有"万能解毒药"的称号。